EFETIVAÇÃO DOS DIREITOS DIFUSOS E COLETIVOS: AÇÃO CIVIL PÚBLICA

ANA CLAUDIA SCHWENCK DOS SANTOS

Professora. Mestre em Direito Político e Econômico pela Universidade Presbiteriana Mackenzie. Especialista em Direito Civil (Mackenzie), Direito do Trabalho pela Faculdade São Paulo (FACSP) e Direito Empresarial pela Faculdade Autonoma de Direito (FADISP)

EFETIVAÇÃO DOS DIREITOS DIFUSOS E COLETIVOS: AÇÃO CIVIL PÚBLICA

EDITORA LTDA.

Rua Jaguaribe, 571
CEP 01224-001
São Paulo, SP — Brasil
Fone (11) 2167-1101
www.ltr.com.br

LTr 4725.6
Fevereiro, 2013

Dados Internacionais de Catalogação na Publicação (CIP)
(Câmara Brasileira do Livro, SP, Brasil)

Santos, Ana Claudia Schwenck dos
    Efetivação dos direitos difusos e coletivos :
ação civil pública / Ana Claudia Schwenck dos
Santos. — São Paulo : LTr, 2013.

    ISBN 978-85-361-2433-9

    1. Ação civil — Brasil 2. Efetividade
3. Interesses coletivos (Direito) 4. Interesses
difusos (Direito) I. Título.

12-13680   CDU-347.44:347.922(81)

Índice para catálogo sistemático:

    1. Brasil : Efetivação dos direitos difusos e
    coletivos : Ação civil pública : Processo
    civil 347.44:347.922(81)

Dedico este trabalho a Angela, Alberto e Adriana, por representarem a grande motivação que me anima, e aos meus mestres que, com seu saber, aprimoraram o meu.

Agradeço a todos os meus mestres pelos ensinamentos, ao orientador Prof. Dr. Gianpaolo Poggio Smanio, Prof. Dr. Pedro Henrique Demercian, Profª Dra. Clarice Seixas Duarte, Prof. Dr. Lauro Luiz Gomes Ribeiro, Profª Dra. Patrícia Tuma M Bertolin, Prof. Dr. Sergio Seiji Shimura, Prof. Dr. Nelson Mannrich e Profª Dra. Sônia Yuriko Kanashiro Tanaka pelas diretrizes e conteúdo acadêmico.

Uma coisa não é justa porque é lei,
mas deve ser lei porque é justa.

Barão de Montesquieu

SUMÁRIO

PREFÁCIO

É com enorme satisfação que prefacio o presente livro de Ana Claudia Schwenk dos Santos sobre a efetivação dos direitos difusos e coletivos em nosso país e a Ação Civil Pública. Aluna brilhante que tive o prazer de orientar em seu mestrado na Universidade Presbiteriana Mackenzie, cuja pesquisa sobre o tema estudou e sistematizou aspectos muito importantes da tutela processual coletiva.

Inicialmente, anoto sua percepção da importância da tutela dos direitos difusos e coletivos como proteção da sociedade, a partir de seu desenvolvimento na segunda metade do século passado e no presente século, revestindo o livro de atualidade e relevância jurídica e social.

A cidadania brasileira, conceituada como um dos fundamentos do Estado Democrático de Direito, conforme o art. 1º, inciso II, da Constituição Federal, reclama aprofundamento jurídico para que a garantia de direitos não seja apenas uma formalidade, mas passe a contar com efetivação que atenda as pessoas em suas vidas cotidianas. Este trabalho busca analisar e estudar também estas questões.

Ao contrário de muitas obras que analisam mecanicamente os institutos jurídicos, esta apresenta análise focada na finalidade e na estrutura processual dos mecanismos da proteção coletiva, verificando suas diferenças com o processo civil tradicional, voltado para a proteção dos interesses individuais. Isto sem perder de vista o necessário estudo da legislação em vigor, sobretudo da ação civil pública, principal instrumento processual da tutela coletiva.

A partir da visão histórica dos institutos, anota a autora que os mecanismos processuais de proteção aos direitos difusos e coletivos eram insuficientes até a edição da Lei da Ação Civil Pública (Lei n. 7.347/85). O sistema processual então vigente não atendia aos reclamos sociais de efetivação de direitos ambientais, de habitação e urbanismo, do consumidor, da infância e juventude e de tantos outros, chamados de novos direitos, que a segunda metade do século vinte apontava como indispensáveis para o desenvolvimento econômico e social do país.

A Constituição Federal de 1988 consagrou a Ação Civil Pública como o principal instrumento da efetivação destes direitos, ao dispor expressamente sobre ela e conferindo legitimidade constitucional para o Ministério Público utilizá-la, como guardião do regime democrático e dos direitos e garantias fundamentais da cidadania.

O presente trabalho também analisa o Ministério Público dentro desta perspectiva da proteção dos direitos difusos e coletivos através da Ação Civil Pública, buscando esclarecer suas atribuições e precisar sua atuação processual. Desde a Lei da Ação Civil Pública, a Instituição do Ministério Público também recebeu enfoque diverso da tradicional persecução penal, passando a ter poderes e legitimidade para a defesa dos direitos difusos e coletivos, inclusive com mecanismo de investigação próprio, através do Inquérito Civil, também regulado na referida legislação e estudado neste livro.

Também são estudados na presente obra os princípios da tutela coletiva, estudo necessário para que a lei da ação civil pública possa encontrar seus fundamentos e valores, legitimando seus institutos processuais e as soluções legais encontradas para os problemas jurídicos trazidos pela nova modalidade de ação. Como tratar a legitimidade processual, a competência judicial, a coisa julgada e, enfim, as relações jurídicas decorrentes do processo civil coletivo, sem ferir direitos, assegurando o devido processo legal, é análise obrigatória para todos os estudiosos do tema e a autora não foge do tratamento de qualquer destes temas, dando importante contribuição.

Como vimos, os principais aspectos de tão relevante tema para a cultura jurídica de nosso país encontram estudo aprofundado e relevante neste livro, o que o torna leitura necessária aos alunos e profissionais que se dedicam a esta área de ensino.

Termina a autora formulando propostas para ampliação da eficácia da tutela processual coletiva que realizamos atualmente, demonstrando conhecimento de nossos institutos jurídicos e de nossa realidade judiciária, além da coragem necessária para ousar propostas de reformulação, o que dá atualidade ao livro e aumenta seu valor sobremaneira.

Temos, assim, convicção de que a publicação deste livro acrescenta às nossas letras jurídicas importante análise dos temas aqui tratados e que todos os que lerem suas páginas terão acrescido seu conhecimento e cultura sobre a proteção dos chamados direitos transindividuais.

Gianpaolo Poggio Smanio
Procurador de Justiça do Ministério Público do Estado de São Paulo.
Professor Doutor dos Cursos de Mestrado e Doutorado
da Universidade Presbiteriana Mackenzie.

INTRODUÇÃO

A sociedade, ao longo do tempo, passou a contar com número expressivo de direitos inerentes à condição de indivíduo dos seus membros. A ligação existente entre o indivíduo e a sociedade fez surgir a cidadania (direitos e obrigações que regem essa relação).

Integra o conceito de cidadania o conhecimento pelos indivíduos de seus direitos em sociedade e o modo de exercício deles. Aqueles direitos que ultrapassam a esfera do indivíduo e passam a atingir um grupo deles ou a coletividade englobam os direitos da cidadania e são chamados de transindividuais.

As instituições de ensino desempenham papel importante para o cidadão por instruí-lo a respeito de seus direitos e, com isso, torná-lo apto a exercer o direito de acesso à justiça e, por meio dele, pleitear os demais direitos transindividuais em juízo.

A divulgação dos direitos a que as pessoas têm direito aumentou, consideravelmente, o número de demandas judiciais fundadas na mesma situação fática.

O grande número de processos judiciais sobre a mesma situação fez surgir o interesse em agrupá-los todos em uma demanda coletiva para propiciar o exercício do direito pelos titulares em conjunto. Foi nesse momento que se identificou a carência existente no direito processual para a tutela coletiva e a consequente necessidade de novas normas a respeito do processo coletivo.

O processo é instrumento de defesa dos direitos transindividuais na medida em que garante tanto a prevenção à violação do direito quanto a repressão da infração à lei ocorrida. Daqui a necessidade do Anteprojeto de Código Brasileiro de Processos Coletivos, que prevê disposições específicas para a tutela coletiva, inclusive, com princípios próprios (mais específicos que os do processo comum) aptos a produzirem a execução específica do julgado em sede de processo coletivo.

A ação civil pública surgiu (com a Lei n. 7.347/85) com a finalidade de proteger direitos de toda a coletividade em conjunto com o Código de Defesa do Consumidor (Lei n. 8.078/90). Ambas as leis, unidas, formam o microssistema de processo coletivo.

Em que pese o fato de o Brasil já contar com um microssistema de processo coletivo, há muitas disposições que merecem ser revistas, alteradas e adicionadas para a tutela coletiva tocar no objetivo de produzir o resultado prático (efeito) querido pelo autor com a demanda.

A presente pesquisa tem o escopo de analisar a atual situação da efetividade de direitos difusos e coletivos e propor medidas de efetividade para potencializar o fixado nos dispositivos do Anteprojeto de Código Brasileiro de Processos Coletivos.

O estudo analisa mecanismos aptos a conduzir à efetividade da tutela coletiva e, para isso, verifica os relatórios de atuação do Ministério Público, que é o colegitimado mais atuante na seara da defesa dos direitos difusos e coletivos.

Dentre os mecanismos de que se vale o Ministério Público para a tutela de direitos difusos e coletivos, estudaremos os mais importantes na atuação extrajudicial e na judicial, quais sejam, o inquérito civil e a ação civil pública. Ambos contam com a possibilidade de celebração de termo de ajustamento de conduta; destarte verificaremos a situação atual da atuação ministerial e buscaremos alguma tendência para o futuro.

O presente estudo não deixa de abordar aspectos peculiares inerentes à ação civil pública, como é o caso do reexame necessário em sede de tutela de direitos difusos e coletivos.

A pesquisa destaca as características especiais da execução nas tutelas coletivas e diferencia as execuções possíveis nesse tipo de demanda, com ênfase nos mecanismos coercitivos existentes à disposição do juiz.

O presente trabalho mostra-se de grande importância para a ciência do Direito, pois trata de analisar a atuação do Ministério Público na busca pela tutela de direitos difusos e coletivos, de destacar e esclarecer modos de cumprir a sentença da ação civil pública com a maior efetividade, inclusive propondo medidas de maior eficácia para o Anteprojeto de Código Brasileiro de Processos Coletivos.

A importância social deste trabalho é demonstrar como a tutela alcançada por uma Ação Civil Pública (ACP) pode atingir o maior número de cidadãos possível e beneficiá-los com ela. O momento da execução da sentença da ACP deve receber atenção diferenciada, pois nele a tutela é efetivamente concedida e materializa o direito pleiteado na realidade dos titulares dele.

Tais fatos e estudos doutrinários tornam relevante a realização da pesquisa por ter esta o intento de especificar meios de efetividade da tutela analisada.

1

DIREITOS TRANSINDIVIDUAIS

1.1. CONQUISTA DA CIDADANIA

Cidadania deriva do latim *civitas*, que significa cidade. Trata-se de direitos e deveres de um indivíduo perante a sociedade em que vive. Cidadania é o direito político de participar da vida política do país em que a pessoa reside. Ademais, indica a "qualidade da pessoa que, estando na posse de plena capacidade civil, também se encontra investida no uso e gozo de seus direitos políticos, que indicam, pois, o gozo dessa cidadania."[1]

A cidadania passou por diversas mudanças ao longo da história para alcançar o conceito que possui atualmente. Analisaremos essas mudanças, sucintamente, em dimensões[2] da cidadania.

A primeira dimensão da cidadania envolve a relação existente entre súdito e soberano, à época considerada verticalmente — apenas entre o detentor do poder e os obrigados a obedecer. O cidadão possuía direitos limitativos do poder do soberano, que devia àquele justiça e proteção. Era considerado cidadão todo filho de cidadão (*ius sanguinis*) que nascesse no Estado.

A segunda dimensão da cidadania caracterizou-se pelo entendimento de que a submissão voluntária do indivíduo ao Estado em troca de proteção e justiça o transformava em um cidadão. As leis — iguais para todos — concretizavam a submissão. Nesse momento, "o cidadão como indivíduo detentor de direitos subjetivos consolida o Estado Absoluto do século XVII".[3]

Já a terceira dimensão da cidadania rompe com a perspectiva considerada pelas outras anteriores ao adotar uma perspectiva horizontal por conta da união dos cidadãos para a formação de um Contrato Social criador do Estado. Aqui, verifica-se a diferença essencial existente entre a segunda e a terceira dimensões,

---

(1) SILVA, De Plácido e. *Vocabulário jurídico*. Atualizadores: Nagib Slaibi Filho e Gláucia Carvalho. Rio de Janeiro: Forense, 2010. p. 287.
(2) SMANIO, Gianpaolo Poggio. As dimensões da cidadania. *Revista da Escola Superior do Ministério Público* (ESMP). Ano 2. jan./jun. 2009, p. 13-23.
(3) *Op. cit.*, p. 14.

porque naquela o contrato social era fruto da submissão voluntária (Hobbes[4]), e nesta ele é fruto de uma união de interesses dos cidadãos na criação do Estado como ente protetivo através do contrato social (Rousseau[5]). A cidadania adquiriu viés universal, político e horizontal com a maior participação do cidadão no Estado.

Seguindo a linha do tempo, vieram as revoluções burguesas (Revolução Inglesa, século XVII; Revolução Americana, século XVIII; Revolução Francesa[6], século XVIII), que marcaram o surgimento da cidadania liberal. A cidadania liberal teve como alicerces a participação política, a igualdade, a nacionalidade e os direitos naturais do homem. O liberalismo — cenário em que surgiu a cidadania liberal — é destacado por algumas características interessantemente evidenciadas por Gianpaolo Poggio Smanio:[7]

> A nova ordem social é baseada no "modelo individualista hobbesiano" e na obtenção do lucro, com novos sujeitos sociais, além da ideia da formação do Estado através de um pacto consensual entre os indivíduos. Pacto que permitiria a construção da conceituação jurídica de institutos que protegerão o indivíduo da própria ação do Estado.

O liberalismo colaborou para um avanço importante que foi o reconhecimento dos direitos fundamentais do indivíduo, entretanto a cidadania não era plena, o exercício dos direitos a ela inerentes era vedado aos analfabetos, mulheres e pobres, fato determinante para o surgimento de classes econômicas diferentes entre si e, inclusive, escravidão.

A cidadania observada durante o período liberal era conceituada como "um *status* concedido pelo Estado aos seus membros, sendo seus beneficiários iguais em direitos e obrigações"[8], e assegurava aos cidadãos o direito político de participar das decisões estatais através do direito de votar e ser votado, apesar de não assegurar nenhuma garantia social a mais para o cidadão. Essa postura quanto à cidadania foi alvo de muitas críticas e discussões ao longo dos séculos XIX e XX até culminar com a saturação do conceito liberal de cidadania, verificado atualmente, no século XXI.

A dimensão da cidadania observada após a cidadania liberal trouxe um diferencial interessante, que é a inclusão social. Enquanto a cidadania liberal

---

(4) HOBBES, Thomas. *Do cidadão*. 3. ed. São Paulo: Martins, 2002. p. 35.
(5) ROUSSEAU, Jean-Jacques. *Do contrato social*. São Paulo: Companhia das Letras, 2011. p. 37.
(6) Os ideais defendidos tanto pela Revolução Francesa (liberdade, igualdade e fraternidade) foram associados às dimensões de direitos fundamentais gradativamente positivados, conforme será abordado no decorrer do capítulo 1º da presente pesquisa.
(7) SMANIO, Gianpaolo Poggio. As dimensões da cidadania. *Revista da Escola Superior do Ministério Público* (ESMP). Ano 2. jan./jun. 2009, p. 15.
(8) SMANIO, Gianpaolo Poggio. As dimensões da cidadania. *Revista da Escola Superior do Ministério Público* (ESMP). Ano 2. jan./jun. 2009, p. 17.

restringia o exercício de direitos, a cidadania inclusiva não só assegurava o exercício de direitos a todos como respeitava as diferenças existentes entre cada indivíduo (multiculturalidade). Nesse sentido, esclarece Gianpaolo Poggio Smanio[9]:

> [...] a multiculturalidade também trouxe a fragmentação dos valores, interesses e conhecimentos, fazendo necessário o reconhecimento das divergências, como inerente ao exercício de direitos.
>
> Neste quadro social, a complexidade de interesses torna relevante a intermediação dos conflitos cada vez mais constantes e intensos. Os princípios jurídicos fundamentais referentes à cidadania devem pressupor mecanismos jurídicos para realizar esta intermediação.
>
> Esta intermediação jurídica faz-se importantíssima para garantir um consenso mínimo a respeito de valores e comportamentos, a fim de permitir uma convivência social pacífica dentro da mesma comunidade política.

A evolução da cidadania envolve o amplo acesso ao judiciário, às decisões políticas do Estado e o exercício dos direitos sociais pelos cidadãos, característica da cidadania do século XXI. O desenvolvimento de políticas públicas voltadas a sanar desigualdades socioeconômicas colabora para a cidadania de inclusão, tendo como base a solidariedade dos membros da comunidade.

A importância da solidariedade na cidadania é o seu condão de colocar os indivíduos em união de propósitos para a defesa de interesses comuns e contra a exclusão da cidadania, por afirmar uma cidadania coletiva.

No século XXI, o antigo entendimento baseado no contrato social é modificado e passa a basear-se em um contrato constitucional que assegura direitos fundamentais aos indivíduos, não só dentro do Estado em que possuem nacionalidade, mas em qualquer Estado como se todos os indivíduos tivessem assinado o contrato constitucional.

Os direitos fundamentais contam com duas espécies que merecem destaque por terem de ser assegurados pelo Estado constitucional: os direitos da cidadania e os direitos humanos.

Gianpaolo Poggio Smanio[10] esclarece acertadamente a cidadania ao afirmar que:

> A cidadania pressupõe a liberdade para o exercício dos direitos fundamentais. A cidadania é uma condição da pessoa que vive em

---

(9) SMANIO, *loc. cit.*
(10) SMANIO, Gianpaolo Poggio. As dimensões da cidadania. *Revista da Escola Superior do Ministério Público* (ESMP). Ano 2. jan./jun. 2009, p. 20.

uma sociedade livre. Onde há tirania não existem cidadãos. A cidadania pressupõe a igualdade entre todos os membros da sociedade, para que inexistam privilégios de classes ou grupos sociais no exercício de direitos.

O alcance da cidadania pela sociedade requer um ordenamento político adequado a garantir os direitos inerentes à cidadania e, para isso, são necessárias políticas públicas pautadas na cidadania e que envolvam todas as dimensões desta.

As mudanças ocorridas na sociedade, ao longo do tempo, determinaram adaptações legais para propiciar a tutela dos direitos a que fazem jus os membros da sociedade. Esses direitos elementares e essenciais à manutenção da dignidade humana são chamados de direitos fundamentais.[11]

1.2. DIMENSÕES DE DIREITOS

Os direitos fundamentais são expressos na Constituição Federal como meio de assegurar-lhes proteção e por conta disso são a base e o fundamento do Estado por estar este condicionado ao previsto na própria Constituição Federal. A esse respeito afirma Ingo Wolfgang Sarlet[12] que:

> [...] os direitos fundamentais constituem, para além de sua função limitativa do poder (que, ademais, não é comum a todos os direitos), critérios de legitimação do poder estatal e, em decorrência, da própria ordem constitucional, na medida em que 'o poder se justifica por e pela realização dos direitos do homem e que a ideia de justiça é hoje indissociável de tais direitos'.

Cumpre ressaltar que os direitos fundamentais representam a positivação constitucional de valores básicos e, por isso, compõem — com os princípios estruturais e organizacionais presentes na Constituição Federal — o núcleo substancial do ordenamento jurídico do Estado constitucional democrático, que deve contar com essas vinculações materiais. Ademais, merecem destaque os chamados direitos fundamentais sociais, que asseguram direitos aos trabalhadores, direitos a prestações sociais pelo Estado e constituem, segundo Ingo Wolfgang Sarlet[13], "exigência inarredável do exercício efetivo das liberdades e garantia da igualdade de chances (oportunidades), inerentes à noção

---

(11) Destaque-se que a própria dignidade da pessoa humana é um direito fundamental constitucionalmente previsto.
(12) SARLET, Ingo Wolfgang. *A eficácia dos direitos fundamentais.* 6. ed. Porto Alegre: Livraria do Advogado, 2006. p. 71.
(13) SARLET, Ingo Wolfgang. *Op. cit.*, p. 73-74.

de uma democracia e um Estado de Direito" cujo conteúdo seja direcionado pela justiça material e não só formal.

Os direitos fundamentais, como um todo, surgiram em momentos históricos diversos e sofreram modificações; desses fatos decorrem as chamadas gerações ou dimensões de direitos fundamentais.

A respeito da correção dos termos *geração* e *dimensão,* há entendimentos diversos na doutrina. O termo *geração* remete à sucessão (a geração posterior substitui a anterior), e não à acumulação progressiva como ocorre com os direitos fundamentais.[14] Já o termo *dimensão* está ligado à ideia de direitos diferentes entre si (grau maior ou menor de influência de certo direito) para parte da doutrina. Entendemos adequado, como a maioria da doutrina, o uso do termo *dimensão* por evitar o entendimento de que os direitos fundamentais se substituem entre si quando, na verdade, eles aumentam progressiva e complementarmente.

O entendimento doutrinário a respeito do conteúdo de direitos de cada dimensão é pacífico, todavia o número existente hoje de dimensões de direitos fundamentais é objeto de interessante discussão. Três dimensões são pacificamente consideradas.

A primeira dimensão de direitos fundamentais está relacionada ao ideal do individualismo — século XVIII — e apresenta-se como defesa dos indivíduos perante o Estado. Os direitos surgidos nessa dimensão têm como principal característica serem direitos negativos[15], porque voltados a uma abstenção, um limite à intervenção estatal.[16]

Os direitos fundamentais de primeira dimensão são assim chamados, porque foram os primeiros direitos fundamentais a serem positivados.[17] Integram os referidos direitos os direitos à vida, à liberdade, à igualdade e à propriedade que, posteriormente, foram ampliados, envolvendo liberdades de expressão coletiva, direitos de participação política (evidenciando a relação existente entre os direitos fundamentais e a democracia), direito à igualdade formal — perante a lei — e garantias processuais.

---

(14) A esse respeito Ingo Wolfgang Sarlet. *A eficácia dos direitos fundamentais,* 2006. p. 54, faz referência à "fantasia das chamadas gerações de direitos" que leva à imprecisão terminológica e ao entendimento errôneo de que os direitos fundamentais se substituem no tempo.

(15) Conforme a classificação de Jellinek. Jellinek, no final do século XIX, desenvolveu a doutrina dos quatro *status* do indivíduo perante o Estado: passivo (o indivíduo subordina-se ao Estado, possui deveres perante este); negativo (o homem é livre perante o Estado); positivo ou *status civitatis* (o indivíduo pode exigir do Estado a atuação positiva na prestação); ativo (o indivíduo pode influenciar nas decisões do Estado através do exercício do direito do voto, por exemplo).

(16) SARLET, Ingo Wolfgang. *A eficácia dos direitos fundamentais.* 6. ed. Porto Alegre: Livraria do Advogado, 2006. p. 56.

(17) MENDES, Gilmar Ferreira; COELHO, Inocêncio Mártires; BRANCO, Paulo Gustavo Gonet. *Curso de direito constitucional.* 3. ed. São Paulo: Saraiva, 2008. p. 233.

Trata-se dos direitos civis e políticos, em geral associados à fase inicial do constitucionalismo ocidental, titularizados pelo indivíduo, consistentes em "faculdades ou atributos da pessoa e ostentam uma subjetividade que é seu traço mais característico"[18].

A segunda dimensão de direitos fundamentais é reflexo da constatação de que a previsão formal dos direitos à liberdade e igualdade não era suficiente para garantir o gozo efetivo deles. Os direitos referentes a essa dimensão não são liberdade perante o Estado, mas por intermédio dele.[19]

Inserem-se na segunda dimensão de direitos fundamentais os direitos que asseguram às pessoas prestações sociais estatais — saúde, educação, assistência social, lazer, trabalho — e liberdades sociais (greve, sindicalização, direito a férias). São chamados de direitos sociais por serem fruto de reivindicações de justiça social.[20]

Segundo Paulo Bonavides[21], os direitos fundamentais de segunda dimensão:

> São os direitos sociais, culturais e econômicos bem como os direitos coletivos ou de coletividades, introduzidos no constitucionalismo das distintas formas de Estado social, depois que germinaram por obra da ideologia e da reflexão antiliberal do século XX. Nasceram abraçados ao princípio da igualdade, do qual não se podem separar, pois fazê-lo equivaleria a desmembrá-los da razão de ser que os ampara e estimula.

Cumpre ressaltar que o autor supracitado refere-se a direitos coletivos no sentido de serem os direitos destinados a todos os membros da sociedade, mas não no sentido, que será explanado mais adiante, do direito coletivo *lato sensu*.

Através dos direitos fundamentais de segunda dimensão, os indivíduos buscam uma liberdade real efetiva para todos com a ação corretiva dos Poderes Públicos.[22]

A terceira dimensão de direitos fundamentais está relacionada à existência de nações desenvolvidas e subdesenvolvidas, necessitadas de um equilíbrio quanto ao desenvolvimento. Nesse momento histórico, surgiram os direitos referentes à fraternidade[23] ou solidariedade[24]. Independentemente da nomenclatura

---

(18) BONAVIDES, Paulo. *Curso de direito constitucional.* 19. ed. São Paulo: Malheiros, 2006. p. 563-564.
(19) SARLET, Ingo Wolfgang. *Op. cit.*, p. 57.
(20) MENDES, Gilmar Ferreira; COELHO, Inocêncio Mártires; BRANCO, Paulo Gustavo Gonet. *Op. cit.*, p. 234.
(21) BONAVIDES, Paulo. *Curso de direito constitucional.* 19. ed. São Paulo: Malheiros, 2006. p. 564.
(22) MENDES, Gilmar Ferreira; COELHO, Inocêncio Mártires; BRANCO, Paulo Gustavo Gonet. *Curso de direito constitucional.* 3. ed. São Paulo: Saraiva, 2008. p. 233.
(23) Segundo afirma Karel Vasak.
(24) Segundo nomenclatura de Etiene-R. Mbaya.

utilizada, tais direitos têm como características grande humanismo, universalidade e titularidade difusa ou coletiva[25] por serem destinados à proteção de grupos.

Integram a terceira dimensão de direitos fundamentais o direito à paz, ao desenvolvimento, ao meio ambiente, o direito de propriedade sobre o patrimônio comum da humanidade, o direito de comunicação[26], o direito à autodeterminação dos povos, à qualidade de vida, dentre outros sustentados por doutrinadores diversos e os ainda não pacificados.

Evidencie-se que os direitos fundamentais de terceira geração são considerados, por parte da doutrina[27], como resposta à poluição das liberdades, consistente no processo de erosão e degradação sofrido pelos direitos fundamentais em decorrência da utilização de novas tecnologias.

Destaque-se que boa parte dos considerados direitos de terceira dimensão ainda não foram positivados, e a reivindicação progressiva de direitos já faz surgir no horizonte a quarta dimensão de direitos fundamentais[28], baseada no direito de morrer com dignidade, direito à mudança de sexo, garantias contra manipulações genéticas — direitos esses considerados de terceira dimensão por alguns doutrinadores — fundados na proteção da vida contra as ingerências tanto de particulares quanto do Estado.

Em consonância com o entendimento de Paulo Bonavides[29], a globalização do neoliberalismo a que o Brasil está sujeito traz mais problemas que soluções, pois aquele tem como filosofia a dissolução do Estado nacional com o consequente enfraquecimento da soberania, mas sem se abster do estado de dominação característico do neoliberalismo. Ademais, o referido autor[30] é categórico em afirmar que:

> Globalizar direitos fundamentais equivale a universalizá-los no campo institucional. Só assim aufere humanização e legitimidade um conceito que, doutro modo, qual vem acontecendo de último, poderá aparelhar unicamente a servidão do porvir.

> A globalização política na esfera da normatividade jurídica introduz os direitos da quarta geração, que, aliás, correspondem à derradeira fase de institucionalização do Estado social.

(25) MENDES, Gilmar Ferreira; COELHO, Inocêncio Mártires; BRANCO, Paulo Gustavo Gonet. *Op. cit.*, p. 234.
(26) BONAVIDES, Paulo. *Curso de direito constitucional.* 19. ed. São Paulo: Malheiros, 2006. p. 569.
(27) SARLET, Ingo Wolfgang. *A eficácia dos direitos fundamentais.* 6. ed. Porto Alegre: Livraria do Advogado, 2006. p. 59.
(28) SARLET, *loc. cit.*
(29) BONAVIDES, Paulo. *Curso de direito constitucional.* 19. ed. São Paulo: Malheiros, 2006. p. 570-571.
(30) BONAVIDES. *Op. cit.*, p. 571.

Depreende-se do exposto que os direitos inseridos na quarta dimensão de direitos fundamentais são fruto da globalização dos direitos fundamentais, voltada à universalização deles e à concretização do Estado Social.

Os direitos de quarta dimensão são o direito à informação, à democracia, ao pluralismo e outros, também não positivados, que servem de alicerce para uma sociedade com valores universais. Nesse sentido afirma Ingo Wolfgang Sarlet:[31]

> (...) Além do mais, não nos parece impertinente a ideia de que, na sua essência, todas as demandas na esfera dos direitos fundamentais gravitam, direta ou indiretamente, em torno dos tradicionais e perenes valores da vida, liberdade, igualdade e fraternidade (solidariedade), tendo, na sua base, o princípio maior da dignidade da pessoa.

Os referidos direitos da quarta dimensão realçam o caráter objetivo dos direitos de segunda e terceira dimensões além de possuírem em seu bojo o aspecto subjetivo inerente aos direitos individuais — da primeira dimensão —, o que torna os direitos da quarta dimensão aptos a propiciar eficácia normativa ao ordenamento jurídico. Sobre essa realidade, expõe Paulo Bonavides[32]:

> Daqui se pode, assim, partir para a asserção de que os direitos da segunda, da terceira e da quarta gerações não se interpretam, concretizam-se. É na esteira dessa concretização que reside o futuro da globalização política, o seu princípio de legitimidade, a força incorporadora de seus valores de libertação.

Os direitos de quarta dimensão são fundamentais para o desenvolvimento da cidadania por permitirem ampla liberdade aos indivíduos (respeito à multiculturalidade) e assegurarem a participação irrestrita do cidadão nas decisões do Estado, medidas de suma importância para a globalização política se tornar possível.

Ademais, Paulo Bonavides[33] aborda uma quinta dimensão de direitos fundamentais baseada no direito à paz, tratado muito superficialmente por alguns autores como direito da terceira geração. O direito à paz é inerente à vida e necessário ao desenvolvimento das nações, assim o número de titulares é enorme (desde Estados até pessoas).

Nosso entendimento vem ao encontro da elevação do direito à paz a uma dimensão própria por ser determinante da convivência humana e colaborar

---

(31) SARLET, Ingo Wolfgang. *A eficácia dos direitos fundamentais*. 6. ed. Porto Alegre: Livraria do Advogado, 2006. p. 60.
(32) BONAVIDES, Paulo. *Curso de direito constitucional*. 19. ed. São Paulo: Malheiros, 2006. p. 572.
(33) BONAVIDES, Paulo. *Curso de direito constitucional*. 24. ed. São Paulo: Malheiros, 2009. p. 579-593.

para a segurança dos direitos. As dimensões de direitos fundamentais seguem uma evolução, como observado, e o direito à paz pertencer à quinta dimensão mantém o surgimento de um direito decorrente daqueles da quarta dimensão. Após o direito à multiculturalidade e à solidariedade (ambos da quarta dimensão), o direito à paz mantém o progresso dos direitos fundamentais, por tratar-se de direito destinado à coletividade cujo escopo é assegurar todos os outros direitos fundamentais das dimensões anteriores.

Por fim, destaque-se que a paz já é considerada princípio constitucional, pois está prevista no art. 4º, VI, da Constituição Federal brasileira, e isto lhe confere força idêntica àquela dos direitos fundamentais, mas — para ser estabelecida oficialmente como direito de quinta dimensão — deve ser universalizada, constar em todas as Constituições como princípio.

1.3. DIREITOS COLETIVOS *LATO SENSU*

A solução de conflitos amplos através de demandas coletivas colabora com o acesso à justiça (a parte vislumbra maior possibilidade de solução se seu pedido é unido ao de outros indivíduos na mesma situação), evita que a demanda seja banalizada pelo grande número de demandas semelhantes e, consequentemente, atribui peso político maior às ações destinadas a solucionar conflitos coletivos (reflexo do exercício da cidadania consistente na defesa do direito de todos).[34] Essas vantagens devem ser valorizadas na medida em que o grande número de demandas baseadas nos mesmos direitos prejudica o Judiciário por levar a ele pleitos repetidos e com o risco de decisões antagônicas que em nada contribuem para a pacificação do conflito.

As demandas coletivas tutelam dois tipos diversos de direitos ou interesses: coletivos e individuais. Os direitos essencialmente coletivos dividem-se em difusos e coletivos *stricto sensu*. Os direitos individuais, apesar de individuais, são tutelados coletivamente por conta de estratégia de tratamento e chamados de individuais homogêneos.[35]

Os interesses coletivos *lato sensu* são compostos por três interesses diversos: interesses difusos, interesses coletivos *stricto sensu* e interesses individuais homogêneos[36].

---

(34) WATANABE, Kazuo. Do objeto litigioso das ações coletivas: cuidados necessários para sua correta fixação. *In:* MILARÉ, Édis (coord.). *A Ação Civil Pública após 25 anos.* São Paulo: Revista do Tribunais, 2010. p. 502.

(35) MOREIRA, José Carlos Barbosa. *Tutela jurisdicional dos interesses coletivos ou difusos.* Temas de Direito Processual. 3ª série. São Paulo: Saraiva, 1984. p. 193-197.

(36) MANCUSO, Rodolfo de Camargo. *Interesses difusos*: conceito e legitimação para agir. 6. ed. São Paulo: Revista dos Tribunais, 2004. p. 53-68.

Antes de abordarmos cada direito em si, cumpre ressaltar que os termos *direitos* e *interesses* são usados como sinônimos, pois os interesses, quando passam a ser tutelados pelo direito, ganham *status* de direito. É salutar destacar o entendimento de Francesco Carnelutti ao afirmar que "interesse não significa um juízo, mas uma posição do homem, ou mais exatamente: a posição favorável à satisfação de uma necessidade."[37]

Entendemos necessária a distinção primeira entre interesses transindividuais (metaindividuais ou supraindividuais) e interesses individuais, sendo estes os que integram a esfera de direitos objetivos do particular[38], e aqueles, os que não se separam do interesse da coletividade em geral e não só o do Estado, "enquanto centro de imputação de direitos e obrigações"[39]. Desse modo, os interesses transindividuais vão além da esfera individual.

Os direitos coletivos podem ser considerados categoria intermediária, entre os interesses transindividuais e privados supracitados. Como tais, ligam-se à categoria específica de pessoas, ou seja, referem-se a grupo de pessoas com alguma situação em comum, e essa definição leva a interesses diversos, quais sejam, os que envolvem uma categoria determinada — ou determinável — e os que se referem a um grupo indeterminado.

A respeito da classificação dos interesses resguardados pela ação civil pública e pelo inquérito civil, André Guilherme Lemos Jorge[40] afirma:

> Atualmente, com a farta aplicação da ação civil pública e do inquérito civil, pacificou-se a classificação dos interesses transindividuais em individuais homogêneos, coletivos e difusos. Por interesses individuais homogêneos têm-se aqueles originados por uma situação fática e, embora cindíveis, são atribuíveis a cada um dos interessados e passíveis de defesa coletiva em juízo, em nome da universalidade da jurisdição e da economia processual, porque muitas vezes o valor diminuto da causa faria com que os interesses ficassem relegados aos esquecimentos.

Os interesses individuais homogêneos são direitos transindividuais divisíveis pertencentes a um grupo determinável de pessoas ligadas por prejuízos decorrentes de origem comum.

Os interesses difusos referem-se aos direitos que transpõem os interesses individuais e são indivisíveis, com titulares indeterminados ligados por uma circunstância de fato.

---

(37) CARNELUTTI, Francesco. *Sistema de direito processual civil*. V. I. Tradução Hiltomar Martins Oliveira. São Paulo: Classic Book, 2000. p. 55.
(38) JORGE, André Guilherme Lemos. *Inquérito civil*: contraditório e ampla defesa — sobre a efetividade dos princípios constitucionais. Curitiba: Juruá, 2008. p. 67-68.
(39) VIGLIAR, José Marcelo Menezes. *Ação Civil Pública*. 5. ed. São Paulo: Atlas, 2001. p. 39.
(40) JORGE, André Guilherme Lemos. *Op. cit.*, p. 69.

Os interesses coletivos *stricto sensu* são direitos transindividuais indivisíveis cujo titular é grupo de pessoas ligadas entre si por uma relação jurídica base. Aqui cumpre evidenciar o entendimento de Roberto Senise Lisboa[41]:

> O interesse coletivo tem objeto indivisível, porque é de todos os integrantes da classe, grupo ou categoria indistintamente. Assim, não é possível a confusão dos interesses da pessoa que integra o grupo com as necessidades do grupo em si(...).

Os direitos coletivos são marcados pela indivisibilidade, porque os indivíduos pertencentes à categoria estão ligados entre si por uma relação jurídica base. Os interesses difusos são igualmente indivisíveis, com a diferença de existir um elemento apto a unir os interesses individuais sem a necessidade de qualquer vínculo jurídico. Nos interesses coletivos e difusos, a relação jurídica base é preexistente[42], não nasce com a ameaça de lesão ou lesão a direito do grupo.

A indivisibilidade é a diferença característica entre os direitos coletivos *lato sensu* (compostos pelos direitos coletivos *strictu sensu* e direitos difusos) e os direitos individuais homogêneos, pois existe naqueles e inexiste nestes. Nesse sentido afirma Érica Barbosa e Silva:[43]

> [...] Os direitos coletivos *lato sensu* são subjetivamente transindividuais e materialmente indivisíveis, fruto da superação da velha dicotomia entre direito público e privado, pois pertencem a toda coletividade ou, em alguns casos de forma mais restrita, a um grupo ou a uma classe. Há variável grau de indeterminação dos titulares desses direitos. Já os direitos individuais homogêneos são individuais na sua essência e, por isso, notadamente divisíveis. Contudo, existindo a homogeneidade, permite-se a aglutinação de demandas.

Observa-se que todas as espécies de interesses ou direitos coletivos *lato sensu* são transindividuais, isto é, envolvem interesse além do estritamente individual.

Em 1973, a codificação procedimental brasileira — resultado de apurado trabalho técnico e científico — não considerou as primeiras vozes que afirmaram a necessidade da criação de instrumentos processuais voltados à defesa de novos interesses estudados pela Ciência Jurídica.

A Constituição Federal (CF) brasileira de 1988 tutela os direitos da primeira (civis e políticos), segunda (sociais, econômicos e culturais), terceira (direitos

---

(41) LISBOA, Roberto Senise. *Contratos difusos e coletivos*. São Paulo: Revista do Tribunais, 1997. p. 282.
(42) WATANABE, Kazuo. *Código de defesa do consumidor*. São Paulo: Forense, 2011. p. 803-805.
(43) SILVA, Érica Barbosa e. *Cumprimento de sentença em ações coletivas*. São Paulo: Atlas, 2009. p. 3.

ou interesses metaindividuais) e quarta (questionamento sobre utilização de embriões previsto no art. 225, parágrafo primeiro, inciso II da CF[44]) dimensões.

Em conformidade com o afirmado por Carlos Henrique Bezerra Leite:[45]

> Os direitos ou interesses metaindividuais têm por destinatários não apenas o homem singularmente considerado, mas o próprio gênero humano. Compreendem, por isso, num sentido amplo, os direitos de fraternidade, é dizer, o direito ao desenvolvimento, o direito à paz, o direito ao meio ambiente sadio, o direito ao patrimônio comum da humanidade, o direito à comunicação e, num sentido restrito, os direitos ou interesses difusos, coletivos e individuais homogêneos.

O aumento do número de conflitos sociais, fruto da complexidade e diversidade de relações na sociedade, trouxe a necessidade de o Estado criar instrumento apto a tutelar os direitos metaindividuais. Em virtude dessa necessidade surgiu, na Lei n. 7.347 de vinte e quatro de julho de mil novecentos e oitenta e cinco, o primeiro instrumento voltado à responsabilização por danos causados ao consumidor, ao meio ambiente, a bens e direitos de valor artístico, estético, histórico, turístico e paisagístico. Em sequência, a Constituição Federal de 1988 aumentou as hipóteses de cabimento da ação civil pública (art. 129, III, CF); o Código de Defesa do Consumidor (Lei n. 8.078 de 11.9.1990) fixou como objeto da ação civil pública a proteção de "qualquer outro interesse difuso ou coletivo", sendo que a defesa coletiva ocorrerá quanto aos interesses ou direitos difusos, coletivos e individuais homogêneos (art. 81, CDC); a Lei n. 8.625 de 12.2.93 (que instituiu a Lei Orgânica Nacional do Ministério Público) estabeleceu hipóteses de cabimento da ação civil pública (art. 25, IV); a Lei Complementar n. 75 de 20.5.93 (art. 6º, VII) determina as hipóteses de manejo da ação civil pública pelo Ministério Público; a Lei n. 7.853 de 24.10.1989 (que trata do apoio às pessoas portadoras de deficiência e traz determinações específicas sobre ação civil pública).

A ação civil pública ganhou viés constitucional como instrumento de defesa dos direitos coletivos *lato sensu* e nesse sentido afirma Celso Ribeiro Bastos:[46]

> Apesar de a ação civil pública não estar prevista no capítulo dedicado aos direitos e garantias fundamentais, não deixa de constituir-se em uma das garantias instrumentais dos direitos constitucionalmente assegurados.

---

(44) A Lei n. 11.105/2005 é a Lei da Biossegurança, fruto da previsão constitucional a respeito do biodireito que foi inicialmente citado na Declaração Universal do Genoma Humano e dos Direitos Humanos, elaborada pelo Comitê de Especialistas Governamentais da UNESCO.

(45) LEITE, Carlos Henrique Bezerra. *Ministério Público do Trabalho:* doutrina, jurisprudência e prática. 4. ed. São Paulo: LTr, 2010. p. 175.

(46) BASTOS, Celso Ribeiro. *Curso de direito constitucional.* 18. ed. São Paulo: Saraiva, 1997. p. 252.

O liberalismo individualista observado no direito subjetivo exigia que esse direito estivesse ligado a um titular determinado ou, pelo menos, determinável, e isso impediu a tutela coletiva de vários direitos titularizados por toda a coletividade (saúde, meio ambiente, educação, dentre outros).[47] Posteriormente, a diferenciação entre interesses simples e interesses legítimos concedeu tutela jurídica a estes, e a Constituição Federal de 1988 valeu-se dos termos interesses e direitos e interesses coletivos como categorias tuteladas pelo direito. A atual tendência voltada a interpretar as disposições constitucionais como atributivas de direito e judicializáveis[48] ressaltou a proteção aos direitos coletivos. Legislativamente, a Lei da Ação Civil Pública (Lei n. 7.347/1985) e o Código de Defesa do Consumidor (Lei n. 8.078/1990) amparam os referidos direitos.

1.4. PRINCÍPIOS QUE REGEM A TUTELA COLETIVA E DIFUSA

As demandas coletivas são fruto da proteção a direitos de que são titulares um grupo de pessoas. Trata-se de instrumento hábil a assegurar o direito pleiteado através de demanda única e por isso possui finalidade relevante que requer tratamento diferenciado na seara processual.

A tutela dos chamados direitos transindividuais conta com um microssistema processual composto pelas normas processuais existentes na Lei da Ação Civil Pública, no Código de Defesa do Consumidor (CDC) e, subsidiariamente (em caso de lacuna), no Código de Processo Civil (CPC).[49] Assim, o microssistema suprarreferido é aplicado primeiro, e o CPC, posteriormente — com as devidas adaptações aos princípios norteadores da tutela coletiva.

A necessidade da referida adaptação está ligada à autonomia do Direito Processual Coletivo[50], importante à manutenção de seus princípios — diversos daqueles destinados ao processo individual.

---

(47) WATANABE, Kazuo. Do objeto litigioso das ações coletivas: cuidados necessários para sua correta fixação. In: MILARÉ, Édis (coord.). A Ação Civil Pública após 25 anos. São Paulo: Revista do Tribunais, 2010. p. 501.

(48) COMPARATO, Fábio Konder. A reforma da empresa. In: Temas de direito processual — 3ª série. São Paulo: Saraiva, 1984. p. 27.

(49) Em consonância com o previsto expressamente pelos arts. 19 da Lei da Ação Civil Pública "Art. 19. Aplica-se à ação civil pública, prevista nesta Lei, o Código de Processo Civil, aprovado pela Lei n. 5.869, de 11 de janeiro de 1973, naquilo em que não contrarie suas disposições." e 90 do CDC "Art. 90. Aplicam-se às ações previstas neste título as normas do Código de Processo Civil e da Lei n. 7.347, de 24 de julho de 1985, inclusive no que respeita ao inquérito civil, naquilo que não contrariar suas disposições.".

(50) Defendida por Antônio Gidi, Ada Pellegrini Grinover e outros que vêm ao encontro de nosso entendimento.

O Código de Processo Civil (CPC) é a lei geral a respeito dos postulados fundamentais sobre determinada relação jurídica. A Lei n. 7.347/85, por disciplinar a ação civil pública, especificamente, é lei especial. José dos Santos Carvalho Filho[51] afirma:

> (...) que a Lei n. 7.347/85 contém as regras especiais que o legislador entendeu aplicáveis ao procedimento da ação civil pública e da ação cautelar àquela vinculada. Em relação às regras gerais, aplica-se o Código de Processo Civil **com caráter subsidiário**, vale dizer, em tudo aquilo que não contrarie as disposições da lei, como consta no texto. Se algum tema merece tratamento diverso nas duas leis, prevalece o estabelecido na lei especial. (grifo do autor)

Os dispositivos do CPC aplicáveis à ação civil pública, por serem compatíveis com os princípios da tutela coletiva, consistem no procedimento comum (ordinário ou sumário — art. 272); petição inicial (arts. 282 até 296); contestação e exceções (arts. 300 até 314); revelia (art. 328); julgamento conforme o estado do processo (arts. 329 até 331); provas (arts. 332 até 443) e a teoria geral do processo comum (arts. 1º até 269), salvo o disposto, especificamente, na Lei n. 7.347/85.

Os interesses difusos previstos na Constituição Federal são:[52] meio ambiente e patrimônio público e social (art. 129, III e 225 *caput*); consumidor (art. 5º, XXXII; art. 150, § 5º e art. 170, V); família, criança, adolescente e idoso (arts. 226 até 230); pessoas com deficiência (art. 5º *caput*; art. 7º, XXXI; art. 37, VIII; art. 208, III; art. 227, § 1º, II e § 2º; art. 244); comunicação social e direito de antena (art. 5º, IX; art. 220 até 224).

Há vários textos legais com mecanismos ligados à Ação Civil Pública, inclusive, com princípios direcionados à tutela de interesse específico — como a Lei n. 7.853/89 (portadores de necessidades especiais), a Lei n. 8.069/90 (Estatuto da Criança e do Adolescente), dentre outros.

Motauri Ciocchetti de Souza[53], quanto aos princípios da tutela coletiva referentes à ação civil pública, traz à baila o chamado princípio da integração das normas da ação civil pública sobre o qual afirma:

> Impende ressaltar, na oportunidade, que a Lei n. 7.347/85 contempla os princípios gerais da tutela dos interesses difusos e coletivos, aplicáveis à defesa de quaisquer deles, exceto ante a existência de

---

(51) CARVALHO FILHO, José dos Santos. *Ação Civil Pública* — comentários por artigo. 7. ed. São Paulo: Lumen Juris, 2009. p. 469-470.
(52) SMANIO, Gianpaolo Poggio. *Tutela penal dos interesses difusos*. São Paulo: Atlas, 2000. p. 43-63.
(53) SOUZA, Motauri Ciocchetti de. *Ação Civil Pública e inquérito civil*. 3. ed. São Paulo: Saraiva, 2008. p. 24.

norma especial incompatível com alguma de suas regras (tendo em vista a máxima de hermenêutica jurídica, no sentido de que a lei especial derroga a geral).

Destaque-se que, existindo dispositivo distinto, em lei especial, e diverso do princípio comum na Lei da Ação Civil Pública (LACP), prevalecerá a regra da norma especial.

O Código de Defesa do Consumidor (CDC) não traz regras especiais, mas complementares às previstas na LACP; são "leis recíprocas, que interagem e se complementam, formando o que entendemos por integração das normas de ação civil pública — ou a base do sistema da ação civil pública"[54].

A integração das normas suprarreferidas exige compatibilidade entre os princípios que as regem para ocorrer. Desse modo, se há compatibilidade com os princípios da LACP, o CDC é aplicável aos direitos difusos e coletivos, mas, se não há,[55] não é.

O Projeto de Lei n. 5.139 de 2009 sobre ações coletivas prevê, expressamente, em seu Capítulo II, os princípios da tutela coletiva como seguem:

CAPÍTULO II — DOS PRINCÍPIOS DA TUTELA COLETIVA

Art. 3º A tutela coletiva rege-se, entre outros, pelos seguintes princípios:

I — amplo acesso à justiça e participação social;

II — duração razoável do processo, com prioridade no seu processamento em todas as instâncias;

III — isonomia, economia processual, flexibilidade procedimental e máxima eficácia;

IV — tutela coletiva adequada, com efetiva precaução, prevenção e reparação dos danos materiais e morais, individuais e coletivos, bem como punição pelo enriquecimento ilícito;

V — motivação específica de todas as decisões judiciais, notadamente quanto aos conceitos indeterminados;

VI — publicidade e divulgação ampla dos atos processuais que interessem à comunidade;

VII — dever de colaboração de todos, inclusive pessoas jurídicas públicas e privadas, na produção das provas, no cumprimento das decisões judiciais e na efetividade da tutela coletiva;

VIII — exigência permanente de boa-fé, lealdade e responsabilidade das partes, dos procuradores e de todos aqueles que de qualquer forma participem do processo; e

IX — preferência de cumprimento da sentença coletiva sobre o cumprimento da sentença de forma individual com fundamento em sentença coletiva.

---

(54) SOUZA, *loc. cit.*

(55) Os arts. 101 (ação individual de responsabilidade civil do fornecedor), 94 (habilitação dos lesados como litisconsortes ativos em ação coletiva que defende interesses individuais homogêneos) e 95 (limite à função jurisdicional), todos do Código de Defesa do Consumidor, são regras processuais não aplicáveis à tutela coletiva.

A respeito dos princípios, Luiz Rodrigues Wambier[56] afirma serem "normas que fornecem coerência e ordem a um conjunto de elementos, sistematizando-o." A tutela coletiva conta com características próprias que a torna diferente da tutela individual e necessita de princípios voltados à proteção e perpetuação dessas características.

A tutela coletiva e difusa conta com princípios específicos. Cumpre comentar cada um deles, conforme citados acima.

1.4.1. Princípio do Acesso à Justiça e Participação Social

O princípio do amplo acesso à justiça e participação social liga-se ao previsto no art. 5º, inciso XXXV, da Constituição Federal de 1988[57], que assegura amplo acesso à justiça para as tutelas coletivas, protetivas de interesses difusos, coletivos e individuais homogêneos, sem a necessidade de esgotar a via administrativa. Ademais ressalta a importância da participação da sociedade como contribuição na demonstração da vontade dela a respeito dos interesses tutelados pelas demandas coletivas como saúde, educação, idoso, meio ambiente, dentre outros.

Ada Pellegrini Grinover[58] destaca importante consideração de Mauro Cappelletti a respeito do acesso à justiça, como segue:

> Um dos mais sensíveis estudiosos do acesso à justiça — Mauro Cappelletti — identificou três pontos sensíveis nesse tema, que denominou "ondas renovatórias do direito processual": a — a assistência judiciária, que facilita o acesso à justiça do hipossuficiente; b — a tutela dos interesses difusos, permitindo que os grandes conflitos de massa sejam levados aos tribunais; c — o modo de ser do processo, cuja técnica processual deve utilizar mecanismos que levem à pacificação do conflito, como justiça.

O acesso à justiça, na tutela coletiva, possui viés mais amplo por envolver a titularidade da ação pelo legitimado adequado de modo autônomo e concorrente. O legitimado deve possuir as condições de seriedade e idoneidade adequadas à proteção dos interesses difusos e coletivos.

Trata-se, o acesso à justiça, de princípio de interesse da coletividade, por ser ela representada pelo legitimado, e requer a devida informação à coletividade dos legitimados a representá-la. O desconhecimento da sociedade sobre quem

---

(56) WAMBIER, Luiz Rodrigues. *Curso avançado de Processo Civil I*. 8. ed. São Paulo: RT, 2006. p. 66.
(57) Art. 5º, XXXV, CF: "a lei não excluirá da apreciação do Poder Judiciário lesão ou ameaça a direito;".
(58) GRINOVER, Ada Pellegrini. Direito Processual Coletivo. *In*: LUCON, Paulo Henrique dos Santos (coord.). *Tutela coletiva*. São Paulo: Atlas, 2006. p. 303.

tem a atribuição de representá-la prejudica sobremaneira o acesso à justiça; assim, a preocupação com a divulgação dessa informação deve ser crescente.

A importância do princípio do acesso à justiça na tutela coletiva é defendida por Geisa de Assis Rodrigues[59] nos seguintes termos:

> Essa garantia de possibilidade efetiva de gozo de direitos é permitida pelo Estado democrático de Direito, porque este é fundado na cidadania e na dignidade da pessoa humana. Sem essas metas o Direito perde a alma, se presta a veicular qualquer tipo de valor sem se cogitar de sua essência, e pode servir como um bonito invólucro para um conteúdo qualquer. O Direito sem a preocupação com o acesso à justiça não tem o inarredável compromisso com a realidade. Por isso é que falar sobre o acesso à justiça é, sobretudo, refletir sobre a noção de Justiça, ainda que sob uma perspectiva mais pragmática.

1.4.2. Princípio da Duração Razoável do Processo

O princípio da duração razoável do processo, com prioridade no seu processamento em todas as instâncias, traz medida fundamental para a tutela célere de direitos, porque a tutela coletiva de conflitos individuais (direitos individuais homogêneos) e interesses sociais (direitos difusos e coletivos) acelera a prestação jurisdicional estatal. O art. 5º, inciso LXXVIII, da CF, pós Emenda Constitucional 45 de 2004[60], fundamenta parte desse princípio. Em que pese o lado positivo desse princípio, a prioridade que confere às demandas coletivas não é totalmente compatível com o previsto no *caput* do artigo quinto da CF, que estabelece igualdade jurídica a todos no ordenamento jurídico.

1.4.3. Princípios da Isonomia, Economia Processual, Flexibilidade Procedimental e Máxima Eficácia

Os princípios da isonomia, economia processual, flexibilidade procedimental e máxima eficácia — todos previstos no inciso III do art. 3 do Projeto de Lei n. 5.139 de 2009 — têm o objetivo de efetivar a tutela pleiteada na ação coletiva.

Quanto ao princípio da isonomia, há disposição expressa no projeto de lei supracitado, que permite ao juiz a concessão antecipada dos efeitos da tutela

---

(59) RODRIGUES, Geisa de Assis. *Ação civil pública e termo de ajustamento de conduta*: teoria e prática. Rio de Janeiro: Forense, 2002. p. 33.
(60) Art. 5º, LXXVIII, CF: "LXXVIII a todos, no âmbito judicial e administrativo, são assegurados a razoável duração do processo e os meios que garantam a celeridade de sua tramitação. (Incluído pela Emenda Constitucional n. 45, de 2004)".

pleiteada sem oportunidade de o réu se manifestar a respeito ou ,sequer, necessidade de pedido expresso do autor nesse sentido, logo depreendemos a inobservância do referido princípio pelo legislador por tratar o réu da ação coletiva de modo muito desfavorável.

Por outro lado, favoravelmente, a isonomia está, também, ligada à igualdade de armas[61] entre as partes, consistente na garantia de que a sentença final será resultado dos méritos jurídicos das partes apenas (alegações feitas no processo, por exemplo) e não influenciada por fatores estranhos ao Direito. A igualdade de armas está relacionada aos meios de acesso à justiça por ambas as partes e, também, a capacidade de se manifestarem em juízo, ou seja, igual possibilidade de ingressar com ação e se defender nela, respectivamente.

O princípio da economia processual assegura a tutela jurisdicional mediante o mínimo de atos processuais — maior resultado com menos atos — grande colaboração para evitar o desperdício na atuação que dificulte ou retarde o prosseguimento da demanda. Esse princípio em especial é previsto na Lei n. 9.099/ 95, art. 2º, referente aos Juizados Especiais e tem o condão de conferir, também, às tutelas coletivas a mesma celeridade já prevista para os procedimentos submetidos aos Juizados.[62]

Os princípios da flexibilidade procedimental e da máxima eficácia trazem inovação ao ordenamento jurídico por não estarem nele fundamentados e foram objeto de críticas por ferirem o princípio constitucional do devido processo legal. São princípios que têm o escopo de assegurar a procedência da tutela coletiva, o que acaba por comprometer a observância do princípio da igualdade.

Por conta do declarado interesse da norma em obter o julgamento procedente da tutela coletiva que o Deputado Federal Arnaldo Madeira (PSDB-SP), na justificativa da Emenda Modificativa (ESB n. 96)[63], afirmou a necessidade da retirada dos princípios da flexibilidade procedimental e da máxima eficácia, pois, declaradamente, a norma aceita a flexibilização do princípio da isonomia em prol do julgamento favorável da demanda coletiva, e isso fere o princípio do devido processo legal, cujo intento é assegurar às partes igualdade de defesa de seus respectivos direitos.

---

(61) GRINOVER, Ada Pellegrini. *Direito processual coletivo e o anteprojeto de código brasileiro de processos*. São Paulo: Revistas dos Tribunais, 2007. p. 51.

(62) A busca pela celeridade e efetividade da prestação jurisdicional foi igualmente enfatizada pelo 2º Pacto Republicano de Estado por um Sistema de Justiça mais Acessível, Ágil e Efetivo assinado em 13.4.2009, segundo o qual é matéria prioritária a agilidade e efetividade da prestação jurisdicional com 17 pontos a serem aprimorados.

(63) OLIVEIRA, Letícia Mariz de. Os Princípios da Tutela Coletiva no Substitutivo ao Projeto de Lei (PL) n. 5.139/2009, que Trata da Ação Civil Pública e sua Violação às Garantias Constitucionais. Trabalhos Técnicos. Divisão Jurídica. Disponível em: <http://www.cnc.org.br/sites/default/files/arquivos/dj1jan10.pdf>. Acesso em: 25 out. 2011.

Entendemos adequado o posicionamento do Deputado Federal Arnaldo Madeira, visto que a efetividade dos direitos difusos e coletivos — objeto da tutela coletiva — deve primar pelo equilíbrio da demanda como maneira de assegurar a pacificação do conflito. A possibilidade de o juiz antecipar os efeitos da sentença sem pedido expresso do autor ou oitiva do réu e a busca incessante pela procedência da demanda são exemplos de que os princípios da flexibilidade procedimental e da máxima eficácia exageram a proteção proporcionada pelo princípio da instrumentalidade das formas e, com isso, produzem desequilíbrio entre as partes com prejuízo para o réu.

1.4.4. Princípio da Tutela Coletiva Adequada

O princípio da tutela coletiva adequada de que trata o inciso IV, do art. 3º, do Projeto de Lei n. 5.139 de 2009, traz a possibilidade de o autor coletivo da demanda pleitear tanto danos materiais e morais individuais quanto coletivos. Os danos materiais são compostos pelos danos emergentes (aqueles que diminuem o patrimônio) e pelos lucros cessantes (patrimônio deixado de adquirir por conta do dano sofrido). Os danos morais consistem no sofrimento demasiado infligido ao prejudicado.[64]

O referido princípio prevê a aplicação de uma indenização com caráter punitivo, preventivo e reparador. É pacífica no entendimento sustentado pela Súmula n. 37 do Superior Tribunal de Justiça (STJ) a possibilidade de cumulação das indenizações por dano material e moral, o questionamento que traz o princípio da tutela coletiva adequada é a respeito da quantificação da indenização pelo dano moral coletivo sofrido, visto que este atinge toda uma coletividade. No intuito de sanar eventuais dificuldades no cálculo dessa indenização, o art. 12 do Projeto de Lei n. 5.139 de 2009 estabelece que caso o valor dos direitos ou danos coletivos seja inestimável,"o valor da causa será indicado pelo autor, segundo critério de razoabilidade, com a fixação em definitivo pelo juiz em saneamento ou na sentença." e, para auxiliar, a referida norma disciplinou, no Capítulo XI, o Programa Extrajudicial de Prevenção ou Reparação de Danos.

1.4.5. Princípio da Motivação Específica

O princípio da motivação específica[65] de todas as decisões judiciais — previsto, também, no art. 93 da Constituição Federal (CF) — assegura às partes conhecer a razão motivadora de decisão judicial específica e o correto manuseio dos meios processuais disponíveis para a defesa do interesse *sub judice*.

---

(64) GRINOVER, Ada Pellegrini. *Direito processual coletivo e o anteprojeto de código brasileiro de processos*. São Paulo: Revistas dos Tribunais, 2007. p. 53.
(65) GRINOVER, Ada Pellegrini. *Direito processual coletivo e o anteprojeto de código brasileiro de processos*. São Paulo: Revistas dos Tribunais, 2007. p. 55.

1.4.6. Princípio da Publicidade

O princípio da publicidade, expresso no inciso VI, do art. 3º, tem como fundamento a previsão contida no art. 93 da CF e como objetivo permitir o controle das decisões judiciais pela sociedade e pelas partes.[66]

O legislador previu, em conjunto com o princípio da publicidade, o princípio da divulgação ampla dos atos processuais que interessem à comunidade e conjuntamente esses princípios são inerentes à necessidade de conhecimento das decisões judiciais pelas partes interessadas para propiciar a execução do julgado e consequente efetivação do direito pleiteado.

1.4.7. Princípio do Dever da Colaboração

O princípio do dever da colaboração permite à parte ter atendida a requisição de certidões e informações em geral, de pessoa física ou jurídica, sem a necessidade de autorização judicial, para a instrução do processo coletivo. A inobservância desse princípio enseja a aplicação das sanções previstas no art. 11, do Projeto de Lei n. 5.139 de 2009.[67]

Nesse ponto, observa-se novo atentado ao princípio da isonomia, porque ninguém é obrigado a fazer prova contra si mesmo, bem como a concessão de informações pessoais envolve a interposição de *Habeas Data*, ou seja, decisão judicial. Assim, a desnecessidade de autorização judicial de que trata o princípio da colaboração fere a isonomia.

O inciso VIII, do art. 3º, do Projeto de Lei n. 5.139 de 2009, traz à baila os princípios da boa-fé, lealdade e responsabilidade das partes, dos procuradores e de todos aqueles que de qualquer forma participem do processo. O Código de Processo Civil (CPC — Lei n. 5.869/73), no art. 14, inciso II, prevê expressamente os princípios da boa-fé e da lealdade, e a previsão expressa do projeto de lei suprarreferido a respeito da utilização subsidiária do CPC só enfatiza a importância desses princípios. Já o princípio da responsabilidade das partes tem como fundamento o fixado nos arts. 16, 17 e 18 do CPC.

1.4.8. Princípio da Preferência

O princípio da preferência de cumprimento da sentença coletiva sobre o cumprimento da sentença de forma individual com fundamento em sentença

---

(66) GRINOVER. *Op. cit.*, p. 56.
(67) LUCON, Paulo Henrique dos Santos (coord.). *Tutela coletiva.* São Paulo: Atlas, 2006. p. 304.

coletiva estabelece tratamento diferenciado em benefício da tutela coletiva, conquanto desrespeite a coisa julgada e o direito adquirido referentes a processo individual.[68]

Defendemos a necessidade de a obediência a esse princípio contar com o respeito aos institutos constitucionais supracitados, pois a parte movimentou a máquina do Poder Judiciário para ver seu direito efetivado, e essa efetivação não deve ser procrastinada.

---

(68) LUCON, Paulo Henrique dos Santos (coord.). *Tutela coletiva*. São Paulo: Atlas, 2006. p. 01-06.

2
EFETIVIDADE

O termo *efetividade* deriva de efeitos, do latim *effectivus*, de *efficere* (cumprir, executar, satisfazer, acabar); é tudo o que se mostra efetivo ou se encontra em atividade. Trata-se do que está vigendo, sendo cumprido ou em atual exercício, isto é, produzindo seus próprios efeitos.[69]

Depreende-se do afirmado acima que a efetividade é a real produção de efeitos de determinado ato processual e, na seara da tutela coletiva sob estudo, é, também, de fundamental importância, pois o ato não só tem que produzir o efeito almejado como tem de produzi-lo para todos os titulares do direito pleiteado.

A jurisdição é hoje a forma predominante de solução de conflitos e faz parte das funções do Estado.

Pode-se conceituar jurisdição como a atividade desenvolvida por órgãos do Estado com o escopo de formular e aplicar a norma jurídica ao caso concreto.

O processo é o instrumento através do qual a jurisdição será exercida. O Estado, por intermédio do Poder Judiciário, prestará a tutela jurisdicional.

O ordenamento jurídico destinado à solução dos conflitos levados ao Poder Judiciário, todavia, não regulamenta todas as situações *sub judice*, porque as mudanças e avanços ocorridos na sociedade levaram ao judiciário situações novas não previstas na lei.

A falta de normas acabou por dificultar a efetividade do direito pleiteado em juízo, o que resultou na *erosão da lei e da ordem*, de Ralf Dahrendorf[70], consistente no enfraquecimento do vínculo entre os cidadãos e o Estado que levou a dificuldades na obtenção de disciplina e obediência dos membros do Estado para com este.

---

(69) SILVA, De Plácido e. *Vocabulário jurídico*. 28. ed. Rio de Janeiro: Forense, 2010. p. 513.
(70) DAHRENDORF, Ralf. *A lei e a ordem*. Trad. Tâmara D. Barile. Brasília: Instituto Tancredo Neves, 1987. p. 26.

A solução do conflito deixou de ser suficiente para a obtenção de uma tutela justa e, nessa seara, o processo se transformou no instrumento adequado à perseguição da aplicação do justo, ou seja, ligado à "justa composição da lide".[71]

Diante desse cenário, as Cortes Constitucionais europeias e a doutrina colaboraram para o surgimento da *escola da efetividade do processo*[72], cujo objetivo é dotar a jurisdição de papel político de instrumento de garantia da eficácia dos direitos fundamentais do homem e, com isso, conferir maior importância aos resultados da experiência processual na vida dos indivíduos.

Neste ponto cumpre ressaltar que vivemos hoje a era da efetividade, porque o processo deve primar por entregar àquele que busca a tutela jurisdicional o que receberia se o réu tivesse cumprido sua obrigação dentro do menor prazo possível, e a atuação do Ministério Público na defesa dos direitos coletivos colabora não só com a efetividade, mas também com a celeridade por pleitear o direito de muitos indivíduos em um só processo.

José Carlos Barbosa Moreira[73], antes mesmo do advento da Constituição Federal de 1988, apontava as seguintes premissas consensuais a respeito da efetividade do processo:

> • a predisposição dos instrumentos processuais de tutela de direitos e de quaisquer outras posições jurídicas de vantagem para que sejam praticamente utilizáveis, sejam quais forem os seus titulares, inclusive quando indeterminado ou indeterminável o círculo dos eventuais sujeitos;
>
> • a extensão da utilidade prática do resultado do processo para assegurar o pleno gozo do direito pelo seu titular, de acordo com o ordenamento;
>
> • a obtenção desses resultados com o mínimo dispêndio de tempo e de energias.

O art. 5º, XXXV, Constituição Federal brasileira, de 1988, assegura o direito ao acesso à justiça, à efetividade e à tempestividade da tutela jurisdicional, e essa previsão classifica esses direitos como fundamentais e de observância obrigatória na prestação da tutela jurisdicional.

---

(71) ZENKNER, Marcelo. *Ministério Público e efetividade do processo civil*. São Paulo: Revista do Tribunais, 2006. p.19.
(72) ZENKNER. *Op. cit.*, p. 19.
(73) BARBOSA MOREIRA, José Carlos. *Temas de direito processual* — terceira série. São Paulo: Saraiva, 1984. p. 27.

A tutela jurisdicional de que fala o dispositivo supracitado pode ser tanto individual quanto coletiva. Abordamos no presente estudo a seara do minissistema de processos coletivos.

A Lei da Ação Civil Pública, em conjunto com o Código de Defesa do Consumidor, forma o chamado minissistema de processos coletivos hoje vigente no Brasil. Esse sistema trouxe grandes avanços na proteção dos interesses coletivos, entretanto muito pode ser melhorado, e por isso foi pensado o Código Brasileiro de Processos Coletivos.

A existência de muitas obras a respeito desse assunto evidenciou a necessidade de elaboração de um Código que trouxesse princípios a serem aplicados ao processo coletivo e direcionasse reformas voltadas à defesa homogênea dos interesses transindividuais. Inicialmente, os doutrinadores Ada Pellegrini Grinover, Kazuo Watanabe e Antonio Gidi elaboraram o chamado Código Modelo, que serviu de base para o desenvolvimento do Anteprojeto de Código Brasileiro de Processos Coletivos, apresentado pelo Instituto Brasileiro de Direito Processual, no final de 2002, ao então Ministro da Justiça Márcio Tomás Bastos. O referido anteprojeto baseava-se em normas mais flexíveis e abertas, condizentes com a necessidade dos processos coletivos, e exemplificadas nas seguintes previsões:[74]

• aumento de poderes do juiz (tendência, inclusive no processo civil individual);

• reformulação do sistema de preclusões;

• reestruturação dos conceitos de pedido e causa de pedir (interpretação extensiva);

• reestruturação dos conceitos de conexão, continência e litispendência (considerar a identidade do bem jurídico a ser tutelado);

• enriquecimento da coisa julgada (previsão do julgado *secundum eventum probationis*);

• ampliação dos esquemas de legitimação.

O Anteprojeto de Código Brasileiro de Processos Coletivos passou por alterações e, no início de 2009, foi retomado — ocasião em que ficou decidido trabalhar um Projeto de Lei, ao invés de Projeto de Código. Dentre as vantagens gerais estão o sistema único de ações coletivas; institutos antes regidos pelo processo individual tratados de modo diverso com a devida adaptação à tutela coletiva e, também, a correção de distorções existentes entre a seara individual e a coletiva, em especial quanto à coexistência de ações de ambas as áreas.

---

(74) GRINOVER, Ada Pellegrini. O projeto de lei brasileira sobre processos coletivos. *In:* MILARÉ, Édis (coord.). *A Ação Civil Pública após 25 anos*. São Paulo: Revista do Tribunais, 2010. p. 17.

Ada Pellegrini Grinover[75] esclarece que a mudança pela qual o Anteprojeto de Código Brasileiro de Processos Coletivos passou — de Projeto de Código para Projeto de Lei — manteve pontos específicos como os expressos a seguir:

2. Pontos Específicos

• Objeto da tutela por ação civil pública, criando regras de direito material;

• Princípios da tutela coletiva;

• Ampliação da legitimação ativa;

• Relação entre ações coletivas e individuais;

• Predominância das ações coletivas sobre as individuais;

• Previsão de ação revisional, diante de prova científica nova;

• Facilitação para a reunião de processos (conceito mais amplo de conexão e continência);

• Possibilidade de alteração do pedido e da causa de pedir;

• Medidas para evitar a duplicidade de demandas (cadastros nacionais);

• Preferência pela condenação líquida na ação em defesa de direitos individuais homogêneos;

• Simplificação e maior efetividade da liquidação e execução. Preferência pela execução coletiva;

• Poderes do juiz gerenciador do processo;

• Tratamento da perícia;

• Distinção entre responsabilidade pela prova e distribuição do ônus da prova;

• Preferência pela tutela específica;

• Condenação em dinheiro depositada em juízo e só residualmente destinada ao Fundo de Interesses Difusos;

• Relevância dos meios alternativos de solução de litígios;

• Previsão de ofícios de juízes e tribunais ao Ministério Público e, quando possível, a outros legitimados, para, querendo, ajuizarem ação coletiva, no caso de diversas ações individuais.

_____

(75) *Ibidem*, p. 17 -18.

Dentre os pontos alterados do Anteprojeto de Código Brasileiro de Processos Coletivos que resultaram em retrocessos estão:[76]

• Não se disciplina a ação coletiva passiva, embora esta já exista na práxis judiciária;

• Não se prevê a legitimação ativa da pessoa física, com o controle da "representatividade adequada";

• Não se cogita de gratificação financeira às associações que tenham conduzido a demanda de maneira a alcançar benefícios sociais;

• Retira-se a natureza jurídica de transação do acordo resultante do Termo de Ajustamento de Conduta firmado administrativamente com os órgãos públicos legitimados, o que gera insegurança jurídica.

Observa-se que o referido Projeto de Lei traz muitas determinações importantes para o manejo eficiente dos processos coletivos. A presente pesquisa é voltada à análise de um desses instrumentos, qual seja, a ação civil pública e especificamente voltada a um ponto a ser tratado pelo Projeto, que é o da legitimação ampliada para proporcionar maior acesso à justiça sem deixar de obedecer à legitimação adequada, mas defendendo como adequada a legitimação do Ministério Público para executar ações civis públicas baseadas em direitos metaindividuais como um todo.

2.1. PROPOSTAS PARA A AMPLIAÇÃO DA EFICÁCIA

O Anteprojeto de Código Brasileiro de Processos Coletivos traz muitos dispositivos voltados à eficácia da tutela coletiva, todavia há disposições que poderiam ampliar a eficácia, se alteradas.

A possibilidade de propositura de ação civil pública por pessoa física apresentada pelo Anteprojeto (art. 09, I), em que pese a necessidade do requisito da representação adequada, entendemos, colabora para a perpetuação do problema das demandas pseudocoletivas e, contrariamente, das pseudoindividuais. São demandas pseudocoletivas aquelas em que, conquanto tenham sido propostas "por um único legitimado extraordinário, na verdade estão sendo pleiteados, específica e concretamente, os direitos individuais de inúmeros substitutos, caracterizando-se uma pluralidade de pretensões que, em tudo e por tudo, é equiparável à do litisconsórcio multitudinário"[77]; já as

---

(76) GRINOVER, Ada Pellegrini. O projeto de lei brasileira sobre processos coletivos. In: MILARÉ, Édis (coord.). A Ação Civil Pública após 25 anos. São Paulo: Revista do Tribunais, 2010. p. 18.
(77) ARAÚJO FILHO, Luiz Paulo da Silva. Ações coletivas: a tutela jurisdicional dos direitos individuais homogêneos. Rio de Janeiro: Forense, 2000. p. 200.

pseudoindividuais são demandas propostas individualmente, mas fundadas em pretensão de alcance coletivo — cujo objetivo é beneficiar todos os envolvidos em situação idêntica.

A ampliação da legitimidade ativa para as ações coletivas, cogitada pelo Anteprojeto de Código Brasileiro de Processos Coletivos, é, a nosso ver, bastante inadequada à eficácia da tutela por permitir a atomização de demandas. Ora, a possibilidade de entidades muito fragmentadas ingressarem com ações coletivas leva ao problema identificado hoje de número excessivo de demandas fundadas na mesma situação fática. Destarte, propomos a manutenção do rol de legitimados previsto na Lei n. 7.347/85.

A lei da ação civil pública é marcada pela atuação ativa do juiz na busca pela efetividade perfeita consistente em determinação de diligências, imposição de multas, dentre outras medidas. Afirma Mauro Cappelletti que a efetividade perfeita é:[78]

> (...) A garantia de que a conclusão final depende apenas dos méritos jurídicos relativos das partes antagônicas, sem relação com diferenças que sejam estranhas ao Direito e que, no entanto, afetam a afirmação e reivindicação dos direitos.

Fausto José Martins Seabra[79] enfatiza a atuação do juiz na busca pela efetivação da tutela coletiva através da adoção de atuação mais ativa na direção do processo, moldada pelo princípio da proporcionalidade. Os equívocos provocados pelas demandas pseudocoletivas e pseudoindividuais podem ser solucionados mediante a identificação adequada dos elementos (partes, pedido e causa de pedir) e condições das ações (interesse de agir, legitimidade das partes, possibilidade jurídica do pedido) coletivas por parte do juiz.

O alcance da demanda é fixado através da análise do pedido e da causa de pedir. Identificada violação de direito de natureza transindividual, indivisível, e o pedido for coletivo, será caso de demanda coletiva.

A tendência a abandonar a fragmentação (demandas-átomo) dos conflitos e adotar uma postura mais molecular de solução das demandas é possibilitada pelo manejo das tutelas coletivas que colaboram, inclusive, para facilitar o acesso à justiça por quebrar barreiras socioculturais, tornar a demanda mais barata e com maior peso político.[80]

---

(78) CAPPELLETTI, Mauro; GARTH, Bryant. *Acesso à Justiça*. Tradução de Ellen Gracie Northfleet, p. 15.
(79) SEABRA, Fausto José Martins. *A atuação do juiz na efetivação da tutela coletiva*. Dissertação (Mestrado em Direito). São Paulo: Universidade de São Paulo, 2008.
(80) WATANABE, Kazuo. *Código brasileiro de defesa do consumidor* — comentado pelos autores do anteprojeto. 9. ed. São Paulo: Forense, 2010. p. 708-709.

Os direitos transindividuais têm o condão de atribuir à ação a capacidade de "participação pública através do Judiciário"[81].

Dentre as possíveis medidas disponíveis ao juiz estão a sub-rogação subjetiva e a sub-rogação objetiva, consistentes em substituir o obrigado ou a obrigação, respectivamente, inicialmente propostos, mas ambas com o mesmo objetivo de acessar o patrimônio do devedor e com ele satisfazer o pleito do autor.

A sub-rogação subjetiva é a substituição da atitude do obrigado pela atividade judicial. São exemplos: interventor nomeado por 180 dias para a empresa infratora cumprir a tutela estabelecida em juízo (Lei n. 8.884/94); administrador da massa falida; auxiliar do juízo encarregado de realizar a penhora do faturamento da empresa devedora.

Na sub-rogação objetiva, observa-se comumente a substituição da obrigação de fazer ou não fazer pelo pagamento de valor em dinheiro. Trata-se de medida apta a propiciar os resultados práticos correspondentes à obrigação inadimplida. No âmbito da tutela coletiva, a sub-rogação objetiva não é a comum, recém-definida, mas, sim, aquela voltada a propiciar a execução específica da obrigação de fazer ou não fazer ou a obtenção do resultado prático equivalente.

Outras medidas passíveis de adoção pelo juiz para efetivar a tutela coletiva são multas, coerção direta[82] e sanção, ainda mais efetivas que a sub-rogação, que tanto podem incidir sobre o patrimônio quanto sobre a pessoa do obrigado. A sanção, a multa e a coerção devem ser disciplinadas no Anteprojeto de Código Brasileiro de Processos Coletivos de modo que inexistam restrições capazes de diminuir a efetividade inerente a tais medidas e culminar com o resultado prático pretendido.

As *astreintes* são um mecanismo coercitivo indireto de caráter econômico, desenvolvido para influenciar psicologicamente[83] o devedor a cumprir a obrigação principal; é uma condenação pecuniária cujo montante aumenta conforme a demora do devedor em cumprir a obrigação. A multa diária, nas ações de obrigação de fazer ou não fazer, (prevista no art. 11 da Lei n. 7.347/85; art. 213, § 2º, ECA; art. 84, § 4º, CDC e art. 461, § 4º, CPC) foi inspirada nas *astreintes*.

Pedro Lenza[84] esclarece que tanto a multa liminar quanto a multa fixada na sentença (*astreintes*) visam a obter o cumprimento da obrigação pelo réu e,

---

(81) WATANABE, Kazuo. Tutela jurisdicional dos interesses difusos: a legitimação para agir. *In: A tutela jurisdicional dos interesses difusos*. São Paulo: Max Limonad, 1984. p. 97.

(82) MARINONI, Luiz Guilherme. *Tutela inibitória* (individual e coletiva). 4. ed. São Paulo: Revista dos Tribunais, 2006. p. 232.

(83) LIMA, Alcides Mendonça. *Comentários ao código de processo civil*. v. VI. Tomo II. Rio de Janeiro: Forense, 1994. p. 775.

(84) LENZA, Pedro. *Teoria geral da ação civil pública*. 3. ed. São Paulo: Revista dos Tribunais, 2008. p. 364.

por isso, devem ser fixadas em valor alto. O valor decorrente do pagamento das multas é revertido ao Fundo de Defesa dos Direitos Difusos previsto na Lei n. 7.347/85.

Quanto à aplicação da multa diária, o art. 12, § 2º, da Lei n. 7.347/85, determina que "A multa cominada liminarmente só será exigível do réu após o trânsito em julgado da decisão favorável ao autor, mas será devida desde o dia em que se houver configurado o descumprimento", assim como o Estatuto da Criança e do Adolescente e o Estatuto do Idoso têm igual disposição. A respeito desse dispositivo, Fausto José Martins Seabra[85] afirma:

> O entendimento de que a multa só poderia ser cobrada com o trânsito em julgado da sentença que confirmar a sua imposição vai de encontro aos objetivos de propiciar efetividade à decisão judicial e de compelir o devedor a cumpri-la sem dilações injustas.

Consideramos adequado o entendimento do referido autor, afinal o objetivo precípuo da aplicação da multa é o cumprimento da obrigação objeto da ação civil pública e, também, a aplicação de valor expressivo a título de multa destaca o papel da medida coercitiva aplicada.

O Código de Defesa do Consumidor (Lei n. 8.078/90), em seu art. 84, § 5º, elenca medidas de coerção, sub-rogação e apoio à decisão que podem ou não guardar relação com o pedido e serão aplicadas pelo juiz ao caso concreto conforme o princípio da proporcionalidade.

A busca e apreensão é mecanismo adequado nas ações coletivas voltadas, por exemplo, à retirada de determinado produto nocivo à saúde do consumidor do mercado.

A requisição de força policial é cabível nas hipóteses em que o destinatário da ordem judicial resiste ao seu cumprimento empregando violência. Há previsão expressa no art. 579 do CPC quanto à execução em geral.

O Anteprojeto de Código Brasileiro de Processos Coletivos prevê a aplicação do ônus da prova dinâmico, e este, defendemos, colaborará para a ampliação da eficácia da tutela na medida em que permitirá ao juiz fixar o ônus para a parte mais apta a produzir determinada prova. Trata-se de meio voltado à busca por uma decisão mais justa através da repartição mais justa do ônus da prova.

Há interessante diferença entre a jurisdição individual e a coletiva, quanto ao ônus da prova, qual seja, o ônus da prova estático daquela e o ônus da prova dinâmico desta, consubstanciado no poder conferido ao juiz de estipular a

---

(85) SEABRA, Fausto José Martins. *A atuação do juiz na efetivação da tutela coletiva*. Dissertação (Mestrado em Direito). São Paulo: Universidade de São Paulo, 2008. p. 53.

inversão com base nos princípios constitucionais da isonomia e ampla defesa. Exemplo claro da possibilidade de inversão consta do art. 6º, VIII, Lei n. 8.078/90 (CDC), que afirma: "a facilitação da defesa de seus direitos, inclusive com a inversão do ônus da prova, a seu favor, no processo civil, quando, a critério do juiz, for verossímil a alegação ou quando for ele hipossuficiente, segundo as regras ordinárias de experiências;".

A teoria dinâmica do ônus da prova (Carga dinâmica da prova), segundo os dizeres de Marcos Destefenni,[86] "prega que o juiz deve fixar o ônus da prova, no caso concreto, analisadas as situações das partes, o desenvolvimento do procedimento e, sobretudo, ao verificar quem está em melhores condições de provar o fato controvertido em função de seus conhecimentos." Trata-se de mecanismo bastante adequado a efetividade da tutela buscada pelo processo coletivo.

Dentre as determinações constantes do Anteprojeto de Código Brasileiro de Processos Coletivos está a necessidade de as decisões referentes à aplicação de conceitos indeterminados serem fundamentadas. Entendemos ser esta determinação inadequada para evitar a propositura de grande número de ações civis públicas baseadas em entendimentos diversos acerca do mesmo conceito indeterminado, porque a fundamentação, diferente entre os legitimados ativos, é considerada pela lei razão suficiente para a aceitação da demanda como adequada ao direito pleiteado. Melhor providência seria a busca por um conceito menos indeterminado estabelecido em lei.

---

(86) DESTEFENNI, Marcos. *Estabilidade, congruência e flexibilidade na tutela coletiva*. Tese (Doutorado em Direito das Relações Sociais Direitos Difusos). São Paulo: Pontifícia Universidade Católica, 2008. p. 285-286.

3

MINISTÉRIO PÚBLICO E SUA ATUAÇÃO NOS DIREITOS DIFUSOS

Ministério é o termo proveniente do latim *ministerium,* utilizado para definir todo cargo, ofício ou função que se exerce. Equivale, nesse sentido, a *mester* ou *mister. Mester* é palavra utilizada para se referir a serviço ou trabalho manual enquanto *mister* se refere a toda sorte de trabalho, ofício ou ocupação, sendo, portanto, mais próxima de ministério[87].

É possível analisar a expressão ministério público sob dois sentidos: genérico e restrito. Genericamente se refere a todos que exercem função pública, enquanto restritamente a expressão *ministère public* passou a ser usada nos provimentos legislativos do século XVIII, referindo-se a funções próprias do ofício ou a magistrado específico encarregado do poder-dever de exercitá-lo.

Assim está definido o Ministério Público no art. 127 da Constituição Federal de 1988:

O Ministério Público é instituição permanente, essencial a função jurisdicional do Estado, incumbindo-lhe a defesa da ordem jurídica, do regime democrático e dos interesses sociais e individuais indisponíveis.

§ 1º São princípios institucionais do Ministério Público a unidade, a indivisibilidade e a independência funcional.

O Ministério Público é, pois, uma instituição permanente, essencial à função jurisdicional do Estado, cuja atribuição é a defesa da ordem jurídica do regime democrático e dos interesses sociais e individuais indisponíveis, conforme o art. 127 da Constituição Federal brasileira de 1988, afirma.

Este visa, portanto, à proteção dos fracos (fraqueza que advém de diversas circunstâncias, como a idade, estado intelectual, inexperiência, pobreza, impossibilidade de agir ou compreender) e aos direitos e situações de abrangência comunitária e, portanto, transindividual, de difícil preservação por iniciativa dos particulares.

---

(87) SILVA, De Plácido e. *Vocabulário jurídico.* Rio de Janeiro: Forense, 1997. p. 533-534.

Pontes de Miranda[88] afirma, em sua teoria da ação, que o Ministério Público não é parte nos processos em que atua, pois, qualquer que seja a relação de direito material, não é sua a pretensão, mas de terceiro, em nome de quem a lei o torna legitimado a exercer a ação.

Essa pretensão de direito substantivo pode ser de um sujeito determinado, como um incapaz, ou da própria Administração Pública, e então a legitimação do Ministério Público será extraordinária, posto que a lei indique representantes ordinários para exercer o pleito em juízo.

A pretensão material, porém, pode ser de interesse coletivo ou difuso na sociedade, fazendo surgir a pretensão processual à tutela jurídica por parte imediata pelo próprio Estado, e de forma mediata pelo Ministério Público, que presenta aquele e promove a ação (por isso o termo promotor, que, para o autor, é o mais adequado). Nesse caso, a legitimação é ordinária, pois não há substituto ao exercício do direito de ação; ele só pode ser exercido pelo Estado, ainda que a pretensão seja de cada um dos indivíduos interessados na causa.

Por presentação, Pontes de Miranda[89] expressa o exercício de posições jurídicas conferidas a uma pessoa jurídica por uma titularidade mediata, e por ser o Estado uma pessoa jurídica, este é presentado por seus órgãos. Por ser, em cada processo, o próprio Estado, ao Ministério Público é atribuída uma segunda pretensão, qual seja, a de fiscalizar a correta execução da lei, zelando para que as partes não façam colusão para burlar a incidência de normas imperativas (*custos legis*).

O Ministério Público, no Direito Ocidental, é uma instituição heterogênea, que varia sua configuração no tempo e no espaço. Os princípios institucionais e garantias conferidas aos membros do *parquet* são condicionados à visão que cada ordem jurídica tem da missão destes.

3.1. ORIGENS HISTÓRICAS DO MINISTÉRIO PÚBLICO

As divergências doutrinárias,[90] quanto aos antecedentes históricos que prenunciariam a criação do Ministério Público no Direito Moderno, decorrem diretamente da divergência quanto à natureza da atividade do membro dessa instituição.

---

(88) PONTES DE MIRANDA, Francisco Cavalcanti. *Tratado das ações*. Tomo 1. São Paulo: Revista dos Tribunais, 1970. p. 101-102.
(89) PONTES DE MIRANDA. *Op. cit.*, p. 102.
(90) LEITE, Carlos Henrique Bezerra. *Ministério Público do Trabalho*: doutrina, jurisprudência e prática. 4. ed. São Paulo: LTr, 2010. p. 31.

Desse modo, podemos observar a evolução histórica por três panoramas:

3.1.1. Ministério Público como defensor dos interesses da Administração

Antecedendo a ideia de advocacia pública, que em muitos países é atividade exclusiva dos procuradores de justiça, temos figuras da Antiguidade, como o *magiaí* (funcionário real do Egito), os *éforos* (em Esparta) e os *advocatus fisci* ou procuradores *caesaris* (em Roma e nas províncias dominadas pelo Império).

Na Idade Média, são identificadas as figuras dos *saïon* ou *graffion* nos cantões do século VII. Nas cidades-Estado italianas da baixa Idade Média são encontrados os *advocatus de parte publica* ou *avocatori di comum della repubblica*.[91]

O Ministério Público surgiu com os procuradores do rei do antigo direito francês — Ordenança de 25.3.1302 de Felipe IV, o Belo.[92]

Em 25 de março de 1302, o rei francês Felipe IV, o Belo, fez publicar uma Ordenança pela qual impunha que todos os procuradores que atuassem em seu nome prestassem o mesmo juramento que os juízes. Os *procureurs du roi* são tratados como os antecessores diretos dos membros do Ministério Público, tais como são conhecidos no Direito Ocidental, tendo sido inseridos no Direito Português sob a alcunha de *procuradores dos feitos de el-rei*.

Os reis ressaltavam a independência de seus procuradores em relação aos juízes, com o escopo de conceder-lhes prestígio e força. O Ministério Público é uma magistratura diferenciada e, por conta disso, observam-se os sinais exteriores resguardados até hoje: membros do Ministério Público não se dirigiam aos juízes do chão, mas de cima do mesmo estrado — *parquet* — em que eram colocadas as cadeiras dos juízes; ademais, os membros do Ministério Público não se descobriam para dirigir a palavra ao juiz, apesar de terem de falar de pé — razão pela qual são entitulados de *magistrature debout*, magistratura de pé.[93]

Em comum essas figuras históricas tiveram as atribuições de burocratas a serviço dos interesses dos governantes, especialmente na cobrança de impostos e administração do patrimônio estatal, que, mormente na Europa medieval, se confundia com o próprio patrimônio do soberano.

---

(91) LEITE, Carlos Henrique Bezerra. *Ministério Público do Trabalho*: doutrina, jurisprudência e prática. 4. ed. São Paulo: LTr, 2010. p. 32.

(92) MACHADO, Antônio Cláudio da Costa. *A intervenção do Ministério Público no processo civil brasileiro*. 2. ed. São Paulo: Saraiva, 1998. p. 13.

(93) TORNAGHI, Hélio. *Apud* MACEDO JUNIOR, Ronaldo Porto. *In: Ministério Público* — instituição e processo, evolução institucional do Ministério Público brasileiro. IEDC. Instituto de Estudos Direito e Cidadania. São Paulo: Atlas, 1999. p. 36.

Há expressão bastante utilizada para se referir ao Ministério Público que é *parquet* — trazida da tradição francesa. Outras expressões são "magistratura de pé" e *les gens du roi*[94].

A expressão *parquet* surgiu do fato de os procuradores do rei ficarem no assoalho (*parquet*) da sala de audiências, e não no estrado, antes de obter a condição de magistrados e ficarem ao lado dos juízes — magistratura sentada. Essa prática consagrou *parquet* como palavra que se refere ao Ministério Público[95].

De fato, observa-se que a organização do Estado moderno reserva ao Ministério Público uma posição que, usufruindo de maior ou menor independência, não deixa de ter vínculos com a estrutura de poder. A própria função de defensor da ordem jurídica, *per se*, demonstra a sujeição à vontade política dos legisladores, seja qual for a legitimação destes.

A solução brasileira, no sentido de especializar a advocacia pública, distinguindo as atribuições desta em relação ao Ministério Público, permite ao *parquet* nacional exercer sua função institucional com uma liberdade sem paralelos no Direito Ocidental.

3.1.2. Ministério Público como promotor da persecução penal

A despeito de, no Processo Penal moderno, o sistema acusatório ter se desenvolvido como um contraponto ao modelo inquisitório medieval, sua origem está na Antiguidade. Há notícias quanto a um julgamento no ano de 599 a.C. na cidade-Estado de Atenas, em que os alcmeônidas foram acusados de ter promovido um massacre contra os seguidores de Cilon, na vigência do Código de Dracon. A sustentação da acusação por Miron pode dar a ele o título de "primeiro promotor da História".[96]

As figuras de acusadores públicos (*thesmotetis*) se consolidam nas cidades-Estado gregas, procedendo às acusações dos crimes de ação pública perante o Senado ou a Assembleia do Povo. Na República Romana surge um sistema de acusação popular, em que qualquer cidadão poderia sustentar perante o tribunal, o que vai evoluir no Império para um sistema misto, dado o aumento de poderes instrutórios do *quaesitor* (presidente do Tribunal do Júri).

---

(94) LEITE, Carlos Henrique Bezerra. *Ministério Público do Trabalho*: doutrina, jurisprudência e prática. 4. ed. São Paulo:LTr, 2010. p. 31.

(95) MAZZILLI, Hugo Nigro. *Ministério Público*. 3. ed. São Paulo: Damasio de Jesus, 2005. p. 26.

(96) LEITE, Carlos Henrique Bezerra. *Ministério Público do Trabalho*: doutrina, jurisprudência e prática. 4. ed. São Paulo: LTr, 2010. p. 32.

O sistema acusatório mantém-se até o século XII, a partir de quando surge o sistema inquisitório, fonte de inúmeras críticas e injustiças. Esse sistema começa a ser reformado na Inglaterra no século XVII, e, na França, apenas na segunda metade do século XVIII.

Durante o governo de Napoleão Bonaparte, em 1808, é editado um Código Criminal na França, entrando em vigor em 1811. Importante inovação está na titularidade exclusiva dos membros do *parquet* para promover a ação penal pública. A propósito, a expressão consagrou-se pelo fato de o promotor, ainda que gozasse das mesmas prerrogativas dos magistrados, posicionar-se de pé, sobre o assoalho (*parquet*, em francês).

O Processo Penal francês vai influenciar imediatamente o sistema português, e, por consequência, o brasileiro, que menciona os promotores de justiça no Código Criminal de 1830 (art. 312). Na verdade, trata-se ainda de um sistema com certas características inquisitórias, em que o juiz ainda possui algumas prerrogativas no sentido de iniciar a persecução penal de ofício.[97]

A tendência majoritária dos países de Direito Ocidental, seja da família romano-germânica (*Civil Law*), seja da tradição consuetudinária (*Common Law*), é no sentido de direcionar os recursos do Ministério Público para o combate da criminalidade, cada vez mais desenvolvida e organizada em nível transnacional. Uma vez que os recursos são escassos, observa-se uma maior aderência ao princípio da oportunidade, pelo qual os promotores podem escolher quais casos terão prioridade de atuação, o que não sucede no Brasil, onde vigora a obrigatoriedade da ação penal.

3.1.3. Ministério Público como defensor dos interesses da sociedade civil

Ao afirmarmos que o Ministério Público tutela os direitos da coletividade, não estamos negando que as outras visões sobre a atuação da instituição assim não o façam. Ao defender a Administração Pública, há a defesa do interesse público no que toda a sociedade tem em comum. Na atividade criminal-acusatória, há decerto um interesse social na repressão a delitos. Mas aqui há outra dimensão, já assinalada quando tratamos da legitimidade do Ministério público para atuar em nome de terceiros, que são os titulares da pretensão de direito material.

Há quem sustente que[98] o antecedente histórico dessa missão institucional dos procuradores e promotores de justiça está na figura do *tribuni plebis* (Tribunus

(97) DEMERCIAN, Pedro Henrique. *Regime jurídico do Ministério Público no processo penal*. 1. ed. São Paulo: Verbatin, 2009. p. 61.
(98) CRETELLA JÚNIOR, José. *Curso de direito romano*. 20. ed. Rio de Janeiro: Forense, 1997. p. 41.

da Plebe), criada em 494 a.C. após uma secessão de plebeus que habitavam os muros de Roma, ameaçando a ordem econômica da cidade. Os tribunos, eleitos pela plebe no Monte Sacro, eram no início em número de dois, passando a ser quatro, cinco e, finalmente, dez. Invioláveis, gozavam de imunidade criminal e poder de veto sobre as decisões do Senado e dos cônsules (*intercessio*).

Tinham, por dever de ofício, de manter as portas de sua casa abertas por todo o dia, para receber qualquer plebeu que alegasse abuso por autoridades. Passaram posteriormente a ter legitimidade para propor leis, sendo inclusive por iniciativa de um tribuno (*Terentilus Harsa*) que, em 453 a.C., foi redigida a célebre Lei das XII Tábuas. Com a posterior autorização para os plebeus alcançarem a magistratura, elegendo pretores, diminui a importância do cargo, pois os próprios magistrados moldam o Direito conforme as necessidades sociais, através dos editos.

Essa visão de defesa da população não se coaduna com as atribuições dos procuradores reais ao longo da Idade Média, pois a população está sujeita a múltiplas jurisdições, canônicas, reais, feudais e corporativas. Apenas com a concentração do poder legislativo nas mãos dos monarcas é que se abre espaço para uma atividade promocional dos interesses da população, ainda que por meio da persecução penal, por exemplo, nos crimes contra a economia popular, como a usura, o aumento excessivo de preços de alimentos e a retenção de estoques.

Com a independência das treze colônias da América do Norte, surge, no âmbito de cada Estado, a figura do *Attorney General*, que se distingue dos promotores de justiça (*District Attorney*) por lhe caber a fiscalização dos atos dos governantes e a propositura do *impeachment*. Sendo eleito diretamente pela população, o *Attorney General* pode ser entendido como uma sofisticação do conceito desenvolvido por Montesquieu de freios e contrapesos (*checks and balances*).[99]

Com a unificação das colônias e centralização do poder federal, foi promulgado em 1789 o *Judiciary Act*, criando o Departamento de Justiça da União, titularizado pelo *United States Attorney General*, indicado pelo Presidente da República e aprovado pelo Senado Federal. Essa figura, homóloga ao nosso Procurador-Geral da República, exerceu importante papel em vários momentos da história norte-americana, mormente no combate aos *trustees* no final do século XIX e início do século XX.

Contudo, o Ministério Público norte-americano ainda não se enquadra perfeitamente nessa terceira visão da instituição. Em primeiro lugar, porque

---

(99) ALMEIDA, Fernanda Leão de. *A garantia institucional do Ministério Público em função da proteção dos direitos humanos*. Tese (Doutorado em Direitos Humanos). São Paulo: Faculdade de Direito da Universidade de São Paulo, 2010. p. 42.

não compõe uma carreira estável dentro da estrutura estatal, uma vez que os procuradores federais são livremente nomeados pelo *U.S. Attorney General*, e mesmo os procuradores estaduais são eleitos a prazo fixo. Em segundo lugar, o Ministério Público norte-americano está fortemente vinculado ao Poder Executivo, o que restringe o âmbito de atuação em face de atos da própria Admnistração. Em terceiro lugar, a sociedade americana, especialmente após a campanha pelos direitos civis na década de 1960, elaborou meios de exercer suas pretensões transindividuais em juízo diretamente, através das *class actions*, o que reduziu sensivelmente a necessidade de atuação do *parquet* norte-americano.

A forma de organização adotada por Portugal e desenvolvida pelo constituinte brasileiro em 1988 é fruto de uma concepção de Estado fortemente intervencionista, que desconfia dos agentes políticos (administradores, legisladores e magistrados) e não acredita na capacidade de a própria sociedade controlar os excessos dos governantes e promover a defesa dos direitos e garantias fundamentais.

O Ministério Público, inicialmente, ligava-se aos agentes do rei (*les gens du roi*), ou seja, a "mão do rei" e hoje a "mão da lei".

A doutrina não é pacífica[100] quanto à origem do Ministério Público, mas, tradicionalmente, entende-se que ele se originou na Ordenança, de 25 de março de 1302, do rei francês Felipe IV, o Belo. Esse rei determinava aos seus procuradores prestar o mesmo juramento dos juízes e não patrocinar ninguém que não o próprio rei. Com o passar do tempo, os procuradores do rei, que se voltavam apenas à defesa dos interesses privados do rei, começaram a exercer funções do próprio Estado e de interesse público.

3.2. ESTRUTURA CONSTITUCIONAL DO *PARQUET* NACIONAL

A expressão ministério público foi utilizada pela primeira vez, no Brasil, no art. 18 do Regimento das Relações do Império, baixado em 2 de maio de 1847, e — depois disso — a instituição Ministério Público passou a ser regida diferentemente por vários diplomas sucessivos.

Diferentemente dos países da Europa Continental, que muito influenciaram o desenvolvimento da instituição no Brasil (mormente França e Itália), o Ministério Público nacional não faz parte do Poder Judiciário, malgrado seu estreito vínculo a este.

---

(100) LEITE, Carlos Henrique Bezerra. *Ministério Público do Trabalho*: doutrina, jurisprudência e prática. 4. ed. São Paulo: LTr, 2010. p. 32.

Também não compõe a estrutura do Poder Executivo, tal como no modelo norte-americano. Não obstante, doutrinadores do Direito Administrativo pátrio situam a instituição como um órgão autônomo,[101] localizado na cúpula da Administração e subordinado diretamente à chefia dos órgãos indepedentes. Ora, se por órgãos independentes se definem os três Poderes da República, e se quem indica para nomeação o Procurador Geral da República e os procuradores gerais dos Estados é o chefe do Executivo, os administrativistas afirmam indiretamente que o Ministério Público está vinculado ao Poder Executivo.

Paradoxalmente, a doutrina[102] situa os membros do *parquet* entre os agentes políticos, dadas as garantias concedidas e as prerrogativas conferidas em face dos membros dos Poderes Executivo, Legislativo e Judiciário.

Destaque-se ainda, que, conforme art. 128, § 5º, inciso I, alínea "c" da Constituição, os membros do Ministério Público da União e dos Estados são remunerados por subsídio. Por subsídio entende-se a remuneração prevista no § 4º do art. 39 da nossa Carta Política, sendo paga em parcela única aos membros dos Poderes, aos detentores de mandato eletivo, aos Ministros de Estado e aos Secretários Estaduais e Municipais. Percebe-se, do rol de autoridades que fazem jus o pagamento por essa forma, que os representantes do Ministério Público só podem ser enquadrados como membros de Poder. Logo, ou são ligados a um Poder típico (e não poderia ser outro que não o Executivo), ou compõem um Poder atípico.

Além dos arts. de 127 a 130 da Constituição, o Ministério Público é regido pela Lei Complementar n. 75 e pela Lei n. 8.625, ambas promulgadas em 1993. Curiosamente, esta última, lei ordinária, é norma geral aplicável a todos os membros da Instituição, seja em âmbito federal, seja estadual, e aquela primeira, lei complementar (portanto, com maior dificuldade para aprovação), é aplicável apenas no âmbito do Ministério Público da União.

Diferentemente do Poder Judiciário, a estrutura organizacional do Ministério Público não é vista como nacional, estando seccionada em Ministério Público da União (atuando junto aos diversos órgãos do Judiciário Federal) e os Ministérios Públicos dos Estados Federados (atuando junto aos Tribunais de Justiça de sua respectiva circunscrição).

O Ministério Público da União apresenta-se dividido em: Ministério Público Federal; Ministério Público do Trabalho; Ministério Público Militar; Ministério Público do Distrito Federal e Territórios. Portanto, a cada ramo do Poder Judiciário da União corresponde uma Procuradoria.[103]

---

(101) PIETRO, Maria Sylvia Zanella Di. *Direito administrativo*. 24. ed. São Paulo: Atlas, 2011. p. 303.
(102) PIETRO, Maria Sylvia Zanella Di. *Direito administrativo*. 24. ed. São Paulo: Atlas, 2011. p. 306.
(103) LEITE, Carlos Henrique Bezerra. *Ministério Público do Trabalho*: doutrina, jurisprudência e prática. 4. ed. São Paulo: LTr, 2010. p. 54-55.

Caso especial ocorre com a Justiça Eleitoral,[104] que, malgrado componha a estrutura do Poder Judiciário da União, é composta, em primeiro grau de jurisdição, por juízes de direito vinculados aos Tribunais de Justiça Estaduais. Paralelamente, oficiam, perante esses juízes, promotores designados pelo Procurador Geral de Justiça do respectivo Estado. Simultaneamente, atuam os procuradores do Ministério Público Federal perante os Tribunais Regionais Eleitorais e, perante o Tribunal Superior Eleitoral, oficia o Procurador Geral da República.

A chefia do Ministério Público da União é exercida pelo Procurador Geral da República, nomeado pelo presidente após aprovação pelo Senado Federal. Comandando cada Ministério Público Estadual há um Procurador Geral de Justiça, livremente nomeado pelo Governador, após elaboração de lista tríplice pelos integrantes da respectiva carreira. Em quaisquer casos, esses cargos são exercidos por mandato de dois anos, permitida uma recondução.

Antes da Emenda Constitucional n. 45 de 2004, já havia previsão, no âmbito do Ministério Público da União e de cada Estado, de um Conselho Superior, com atribuições administrativas e de supervisão dos deveres funcionais dos membros. Com a referida Emenda à Constituição, foi criado o Conselho Nacional do Ministério Público, ao qual compete zelar pela autonomia da Instituição e regularidade no exercício de suas funções, com poder censório e disciplinar sobre seus membros. Há, portanto, uma superposição de atribuições pelo Conselho Nacional, previsto no art. 130-A da Constituição, e pelos diversos Conselhos Superiores, mencionados na Lei n. 8625 de 1993.

3.3. PRINCÍPIOS INSTITUCIONAIS

A Constituição de 1988 foi a primeira a mencionar princípios institucionais do Ministério Público. Talvez para reforçar a autonomia do *parquet* nacional em face dos demais Poderes, tendo em vista que na Constituição de 1967, alterada pela Emenda de 1969, o Ministério Público estava indiscutivelmente ligado ao Poder Executivo.

A doutrina[105] admite que, entre os três princípios insculpidos no parágrafo único do art. 127, há certo conflito. Logo, há que se buscar uma harmonização e ponderação no momento de aplicar esses mandamentos de otimização na atividade do membro da Instituição.

Além desses três princípios, debate-se acerca da existência de um quarto, que — a despeito de não estar expresso no texto constitucional — decorreria

---

(104) CANDIDO, Joel Jose. *Direito eleitoral brasileiro.* 10. ed. São Paulo: Edipro, 2010. p. 59-61.
(105) LEITE, Carlos Henrique Bezerra. *Ministério Público do Trabalho*: doutrina, jurisprudência e prática. 4. ed. São Paulo: LTr, 2010. p. 46.

da interpretação sistemática de outros dispositivos da Carta Magna. Chamado pela doutrina de Princípio do Promotor Natural, referir-nos-emos a ele por último.

3.3.1. Princípio da Unidade

Há duas interpretações possíveis. A primeira, mais abstrata, assevera que a Instituição é uma só; sua missão é "a defesa da ordem jurídica, do regime democrático e dos interesses sociais e individuais indisponíveis"[106]. Por essa leitura, tanto o Ministério público da União quanto os dos Estados fariam parte de um todo, diferenciado apenas administrativamente.

A segunda, mais concreta, trata da unidade enquanto o Ministério Público seja um único órgão sob o comando de uma única chefia. Para que esse princípio faça sentido, temos de admitir que cada entidade no âmbito estadual e mesmo as diferentes estruturas do Ministério Público da União são todas independentes entre si, cada qual subordinada a uma autoridade.[107]

Conforme nos demonstra Pedro Henrique Demercian,[108] essa definição de unidade é inútil, uma vez que aplicável a qualquer instituição pública, tanto aos Poderes quanto a cada um de seus órgãos. O que se pode extrair desse princípio é a limitação ao princípio da independência funcional, uma vez que os promotores e procuradores, estando sob o comando de uma autoridade administrativa, sujeitam-se a um controle, mínimo que seja, de seus atos, tanto em relação à disciplina funcional, quanto ao mérito de suas atuações, dentro dos ditames da lei processual, como na revisão pelo Procurador Geral de Justiça do pedido de arquivamento de inquérito policial.

3.3.2. Princípio da Indivisibilidade

Ser indivisível a instituição significa que todos os seus membros fazem parte de uma só corporação e podem ser indiferentemente substituídos uns por outros em suas funções, sem que com isso haja alguma modificação subjetiva nos processos em que oficiam. Decorrência direta do princípio da unidade, é também uma exceção ao Princípio do Promotor Natural, admitindo assim que outros membros do *parquet* possam atuar em feitos já oficiados por quem era previsto nas normas de organização interna da instituição.[109]

---

(106) Disposição expressa no art. 1º, da Lei n. 8.625, de fevereiro de 1993.
(107) DEMERCIAN, Pedro Henrique. *Regime jurídico do Ministério Público no processo penal*. 1. ed. São Paulo: Verbatin, 2009. p. 77.
(108) DEMERCIAN, Pedro Henrique. *Regime jurídico do Ministério Público no processo penal*. 1. ed. São Paulo: Verbatin, 2009. p. 77 - 85.
(109) LEITE, Carlos Henrique Bezerra. *Ministério Público do Trabalho*: doutrina, jurisprudência e prática. 4. ed. São Paulo: LTr, 2010. p. 48.

3.3.3. Princípio da Independência Funcional

Ser independente significa, em primeiro lugar, que cada um de seus membros age de acordo com a própria consciência jurídica, com submissão exclusivamente ao direito, sem ingerência do Poder Executivo, nem dos juízes, e nem mesmo dos órgãos superiores do próprio Ministério Público.

Por outro lado, a independência do Ministério Público como Instuição[110] implica sua competência para: propor ao Poder Legislativo a criação e extinção de seus cargos e serviços auxiliares, provendo-os por concurso de provas e títulos; e para elaborar sua proposta orçamentária dentro dos limites estabelecidos na lei de diretrizes orçamentárias.

Como salientamos anteriormente, esse princípio é sopesado pelo da unidade, de modo que a independência funcional dos membros não lhes dá um mandato de irresponsabilidade quanto ao exercício de suas atribuições.

3.3.4. Princípio do Promotor Natural

Assim como o princípio do juiz natural, é um desdobramento do devido processo legal, consagrado no inciso LIII do art. 5º da Constituição, que assim preceitua "ninguém será **processado** nem sentenciado senão pela autoridade competente;" (grifo nosso).

Quando a Constituição trata da autoridade competente para processar um cidadão, não se restringe apenas aos magistrados, mas também aos acusadores, pois sem eles não haveria processo, em face da inércia do Poder Judiciário no sistema acusatório. Uma vez que o juiz natural também seja aplicado às jurisdições não criminais, deve guardar aderência à definição, em norma de organização do Ministério Público, de critérios para a prévia indicação de quem atuará perante o juízo competente para cada tipo de demanda, o que é positivado no § 5º do art. 26 da Lei n. 8.625 de 1993. A Lei Orgânica do Ministério Público do Estado de São Paulo (Lei Complementar n. 734 de 1993) vai além, já fixando critérios para estabelecimento da circunscrição de atuação de cada membro do *parquet* paulista.

O posicionamento do Supremo Tribunal Federal (STF) era, inicialmente, contrário à existência do princípio do promotor natural, entretanto, após o julgamento do HC 67759/RJ, DJU de 1º.7.93, cujo relator foi o Ministro Celso de Mello[111], passou a admitir expressamente o referido princípio em virtude

---

(110) LEITE, Carlos Henrique Bezerra. *Ministério Público do Trabalho*: doutrina, jurisprudência e prática. 4. ed. São Paulo: LTr, 2010. p. 49.
(111) BRASIL. Supremo Tribunal Federal. Acórdão Referente ao HC 67759/RF. Disponível em: <http://redir.stf.jus.br/ paginadorpub/paginador.jsp?docTP=AC&docID=70460>. Acesso em: 14 dez. 2011.

da própria exigência de atuação independente dos membros, visando, sobretudo, a impedir que autoridades de quaisquer Poderes ou mesmo do próprio Ministério Público interfiram na escolha do membro para atuar em determinado caso, o que faria deste um promotor *ad hoc*, violando a imparcialidade necessária para o desempenho das atribuições. Para os réus, é também garantia individual, pois assim podem arguir impedimento ou suspeição do promotor ou procurador.

Não obstante, a garantia do promotor natural não tem sido aceita pela jurisprudência como hábil a ensejar pedidos de nulidade em processos cujo membro do Ministério Público não era, a princípio, aquele indicado pelas normas de organização da corporação.[112] Aqui entra o princípio da indivisibilidade a preservar a atuação da organização, indiferentemente do agente que a presentou perante o juízo.

3.4. GARANTIAS E IMPEDIMENTOS DOS MEMBROS

Há garantias à Instituição e aos membros, previstas na Constituição e nas leis orgânicas.

Em relação à instituição, citamos:[113]

(i) estruturação em carreira;

(ii) relativa autonomia administrativa e orçamentária;

(iii) limitações à liberdade do chefe do Executivo para a nomeação e destituição do Procurador-Geral;

(iv) a exclusividade da ação penal pública e veto à promoção de promotores *ad hoc*.

Aos membros são conferidas prerrogativas em razão da função que exercem, e não da pessoa que ocupa o cargo. A Constituição estende as mesmas garantias concedidas aos magistrados (*vitaliciedade, inamovibilidade, irredutibilidade de vencimentos*), e as leis mencionam outras, tais como:[114]

(i) estar sujeito à competência originária do Tribunal de Justiça nos crimes comuns e de responsabilidade.

(ii) portar arma, independentemente de autorização

(iii) ingressar e transitar livremente, em razão de serviço, em qualquer recinto público ou privado, respeitada a garantia constitucional da inviolabilidade do domicílio

---

(112) DEMERCIAN, Pedro Henrique.*Regime jurídico do Ministério Público no processo penal*. 1. ed. São Paulo: Verbatin, 2009, 77.
(113) As prerrogativas estão expressamente previstas na Lei n. 8.625, de 12 de fevereiro de 1993 (instituidora da Lei Orgânica Nacional do Ministério Público) e na Lei Complementar n. 75, de 20 de maio de 1993 (sobre a organização, as atribuições e o estatuto do Ministério Público da União).
(114) *Loc. cit.*

(iv) receber intimação pessoalmente nos autos em qualquer processo e grau de jurisdição nos feitos em que tiver que oficiar

(v) ser preso ou detido somente por ordem escrita do tribunal competente ou em razão de crime inafiançável,

(vi) ser ouvido, como testemunha, em dia, hora e local previamente ajustados com o magistrado ou autoridade competente

(vii) outras prerrogativas previstas em lei

Os mesmos impedimentos que são incumbidos aos magistrados também os são aos membros do Ministério Público, tais como:[115]

(i) receber, a qualquer título e com qualquer pretexto, honorários, percentagens ou custas processuais

(ii) exercer a advocacia, inclusive em causa própria

(iii) participar de sociedade comercial

(iv) exercer, ainda que em disponibilidade, qualquer outra função pública, salvo a de magistério

(v) exercer atividade político-partidária

(vi) receber, a qualquer título ou pretexto, auxílios ou contribuições de pessoas físicas, entidades públicas ou privadas, ressalvadas as exceções previstas em lei

3.5. FUNÇÕES DO MINISTÉRIO PÚBLICO NO BRASIL

O Ministério Público brasileiro, seja em nível federal, seja estadual, recebe atribuições não encontradas, tanto em quantidade quanto em razão da matéria, em nenhum outro ordenamento jurídico. A legitimação para postular em juízo, referente à matéria não penal, encontra fontes por toda nossa legislação; por exemplo:

— Lei de Ação Civil Pública (Lei n. 7.347/1985): arts. 5º a 10º;

— Código de Defesa do Consumidor (Lei n. 8.078/1990): arts. 82 e 92;

— Código de Processo Civil (Lei n. 5.869/1973): arts. 81 a 85, 116, 118, inciso II, 198, 487, 499, 566, 944, 988, 1036, § 1º, 1104, 1144, inciso I, 1163, § 2º, 1177, inciso III, 1188, parágrafo único, 1189, 1194, 1200, 1202 e 1212;

— Lei de Falências e Recuperações Judiciais (Lei n. 11.101/2005): arts. 8º, 19, 30, § 2º, 132, 143 e 154, § 3º;

— Lei de Improbidade Administrativa (Lei n. 8.429/1992): arts. 19 e 22;

— Código Civil (Lei n. 10.406/2002): arts. 22, 28, § 1º, 50, 65, parágrafo único, 66 a 69, 168, 553, parágrafo único, 1037, 1497, parágrafo único, 1526, 1549, 1584, § 3º, 1637, 1692 e 1768 a 1770;

---

(115) *Loc. cit.*

— Lei de Defesa da Concorrência (Lei n. 12.529/2011, em vigor a partir de 1º de junho de 2012): art. 20;

— Lei de Combate à Violência Doméstica contra a Mulher (Lei "Maria da Penha"): arts. 25 e 26;

— Estatuto da Criança e do Adolescente (Lei n. 8.069/1990): arts. 33, § 4º, 35, 50, § 12º, 52-C, § 2º, 101, §§ 2º e 10º, 128, 155, 160, 162, § 1º, 180, 191, 194, 199-E, 200 a 205, 210.

Além dessas atribuições típicas, encontradas por toda nossa legislação, quanto à matéria não criminal, há outras, atípicas, que tais como nos demais Poderes, decorrem da própria autonomia administrativa dos órgãos que compõem a Instituição.

Nesse ponto do estudo, é interessante destacar o entendimento de Pedro Henrique Demercian:[116]

> A partir de 1988, como se disse, o Ministério Público perdeu o papel de advogado do Estado e se transformou, definitivamente, em advogado da sociedade: a sociedade-governante.
>
> A Carta Constitucional atribuiu-lhe o dever de zelar pelo respeito aos direitos assegurados na Constituição Federal (art. 129, II), ressaltou-lhe o caráter de órgão de defesa dos interesses sociais — estabeleceu-se, nessa medida, a contraposição entre o estado-aparato e estado-comunidade.
>
> (...) A nova feição do Ministério Público, na verdade, inibiu a atividade do Estado na política de atuação criminal e repercutiu de maneira definitiva nas atividades do Ministério Público no âmbito da persecução penal (...).

O Ministério Público conta com diversas funções institucionais expressamente previstas no art. 129 da Constituição Federal brasileira de 1988 e dentre elas está a de promover o inquérito civil e a ação civil pública, para a proteção do patrimônio público e social, do meio ambiente e de outros interesses difusos e coletivos (art. 129, III, CF/88).

O art. 129 da Constituição Federal Brasileira de 1988 e a Lei Complementar n. 75/93 abordam as atribuições do Ministério Público; observa-se que a atuação dessa instituição liga-se à presença de interesse público na demanda. O referido interesse público ou social é aquele que supera os limites da demanda das partes, independentemente da violação ao direito ter ou não sido ocasionada pelo Poder Público.[117]

Dentre as atribuições do Ministério Público está a atuação extrajudicial, consistente na celebração de termo de ajustamento de conduta, instauração de

---

(116) DEMERCIAN, Pedro Henrique. *Regime jurídico do Ministério Público no processo penal*. 1. ed. São Paulo: Verbatin, 2009. p. 66 - 67.

(117) CÉSAR, João Batista Martins. *Tutela coletiva*: inquérito civil, poderes investigatórios do Ministério Público, enfoques trabalhistas. São Paulo: LTr, 2005. p.19.

inquérito civil, função de árbitro e mediador. No âmbito do processo judicial, o Ministério Público pode ajuizar ação civil pública, reclamação trabalhista, dissídio de greve, ação anulatória, dentre outras atribuições.

O Ministério Público, nas ações civis públicas, pode atuar como autor da demanda ou como fiscal da lei. A propositura da ação civil pública fundada em direitos difusos e coletivos é obrigação da instituição se verificados os requisitos necessários ao seu ajuizamento (interesse público e fundada motivação). A atuação do MP como fiscal da lei, quando não for autor da demanda, é obrigatória, nos termos do art. 5º, § 1º, da Lei n. 7.347/85 ("O Ministério Público, se não intervier no processo como parte, atuará obrigatoriamente como fiscal da lei."), para a fiscalização do devido cumprimento da lei na demanda. A necessidade da participação da instituição como fiscal da lei decorre da importância da matéria discutida na ação civil pública, qual seja, direitos transindividuais, e da qualidade da parte titular do direito.

O *parquet* só atuará na ação civil pública como *custos legis* se não for o autor da demanda, pois, nesse caso, zelará, automaticamente, pela observância da lei sem a necessidade de atuar duplamente como autor e *custos legis*.

A repartição de competências entre os órgãos do Ministério Público para o ajuizamento de ações civis públicas conta com a regra geral adotada pela Constituição Federal consistente em considerar estadual toda a matéria não estabelecida em lei como da seara federal (matéria residual).

A respeito dessa repartição, a Lei Complementar n. 75/93 (sobre a organização, as atribuições e o estatuto do Ministério Público da União), nos arts. 5º e 6º, acabou por fixar como função institucional e da competência do Ministério Público da União matérias do Ministério Público como um todo, comuns, também, ao Ministério Público Estadual. Destarte, para evitar que a ação civil pública se torne monopólio[118] do Ministério Público da União, é correto utilizar a regra expressa na Constituição Federal.

As atribuições do Ministério Público da União são limitadas à existência ou não de interesse federal na demanda.

A Lei n. 7.347/85 (ação civil pública) permite a união de esforços entre os legitimados para a propositura da ação civil pública voltada à defesa dos direitos difusos e coletivos. Além da legitimação concorrente prevista pela lei, há a possibilidade de litisconsórcio ativo (facultativo) entre os órgãos do Ministério Público (união de mais de um Ministério Público Estadual, por exemplo) e entre os colegitimados. A decisão prolatada em sede de ação civil pública que contou com litisconsórcio ativo produzirá efeitos iguais para todos (litisconsórcio unitário) em especial por serem os mesmos pedidos e causa de pedir.

---

(118) ZAVASCKI, Teori Albino. *Processo coletivo*: tutela de direitos coletivos e tutela coletiva de direitos. 4. ed. São Paulo: Revista do Tribunais, 2009. p. 134.

4.

EFETIVIDADE DA TUTELA NO INQUÉRITO CIVIL

Em que pese a similitude existente entre inquérito policial e inquérito civil (referente à natureza dos institutos), destaque-se que o inquérito civil tem a função primeira de investigar fatos relevantes na seara civil com o escopo de embasar ação civil pública a ser proposta pelo Ministério Público, enquanto o inquérito policial investiga infrações penais (materialidade e autoria destas) para alicerçar ação penal.

A Lei da Ação Civil Pública (7.347/85) impulsionou a defesa dos direitos difusos com o aumento do rol de direitos tutelados e, em especial, por conferir legitimidade *ad causam* às associações e instituições públicas. Diversos agentes se tornaram aptos a propor a ação civil pública, todavia só o Ministério Público recebeu a prerrogativa de instaurar o inquérito civil para obter os elementos necessários à formação da convicção necessária à propositura da ação civil pública.

A Constituição Federal de 1988 assegurou expressamente a proteção aos direitos difusos através da previsão da ação civil pública e do inquérito civil como instrumentos constitucionais de "proteção do patrimônio público e social, do meio ambiente e de outros interesses difusos e coletivos".[119]

Em consonância com o art. 1º da Lei n. 7.347/85, os interesses tutelados pela ação civil pública e pelo inquérito civil envolvem a reparação de danos morais e patrimoniais a interesses difusos e coletivos. Cumpre ressaltar que os interesses individuais não fazem parte do rol de interesses tutelados pela ação civil pública, exceto quando a defesa do interesse individual (pedido imediato) é necessária à defesa de um interesse coletivo ou difuso (pedido mediato) e, nesse caso, Motauri Ciocchetti de Souza[120] aponta conhecido exemplo:

> Vamos supor que dez crianças com sete anos de idade não tenham conseguido vaga na rede pública de ensino fundamental. A educação,

---

(119) Art. 129, III, CF/88: "Art.129. São funções institucionais do Ministério Público: III — promover o inquérito civil e a ação civil pública, para a proteção do patrimônio público e social, do meio ambiente e de outros interesses difusos e coletivos;".
(120) SOUZA, Motauri Ciochetti de. *Ação civil pública e inquérito civil*. São Paulo: Saraiva, 2008. p. 25.

direito de todos e dever do Estado e da família, nos termos do art. 205 da CF, é uma das bases sobre as quais se assenta qualquer sociedade civilizada. Assim, estamos a lidar com um interesse difuso por excelência, sendo certo que a própria CF, em seu art. 208, I, impõe ao Poder Público o dever de garantir o ensino fundamental, que é obrigatório e gratuito.

Observa-se que a negativa de vaga no ensino público por parte do Poder Público lesionou, não só direitos individuais (de cada uma das crianças) como difusos por ferir princípios característicos do ensino público. O autor supracitado é categórico ao afirmar a respeito que:[121]

> A solução para o problema em foco passaria, necessariamente, pela tutela direta das crianças, tendo o processo como pedido imediato a obtenção de dez vagas faltantes. O pleito poderia ser formulado por intermédio de ação civil pública, tendo em vista que seu pedido mediato é a tutela de um interesse difuso — o amplo e obrigatório acesso à educação, assegurado pela Constituição.

A ação civil pública voltada à defesa da criança e do adolescente traz a legitimidade do Ministério Público para defender interesses individuais das crianças e adolescentes indisponíveis, conforme observado no exemplo acima dado por Motauri Ciocchetti de Souza. Cumpre ressaltar que essa previsão não está expressa na Lei n. 8.069/90 (art. 201), pois o Código de Defesa do Consumidor (Lei n. 8.078/90) introduziu os direitos individuais homogêneos posteriormente.

A respeito da tutela do direito à educação — objeto da atuação do Ministério Público no exemplo supracitado — observamos tratar-se de direito cujo exercício não é fácil por esbarrar na necessidade de políticas públicas a respeito, entretanto a legitimidade do MP é assegurada para buscar um resultado prático efetivo na tutela desse direito. A respeito do tema esclarece Clarice Seixas Duarte:[122]

> O reconhecimento expresso do direito ao ensino obrigatório e gratuito como direito público subjetivo autoriza a possibilidade de, constatada a ocorrência de uma lesão, o mesmo ser exigido contra o Poder Público de imediato e individualmente. Quanto a este aspecto, parece não haver muita polêmica. Ocorre que, como estamos diante de um direito social, o seu objeto não é, simplesmente, uma prestação individualizada, mas sim a realização de políticas públicas, sendo que sua titularidade se estende aos grupos vulneráveis.

Além da especificidade da tutela de direitos individuais indisponíveis conferida ao Ministério Público, o art. 210 do Estatuto da Criança e do

(121) Op. cit., p. 26.
(122) DUARTE, Clarice Seixas. Direito público subjetivo e políticas educacionais. São Paulo em Perspectiva, São Paulo, v. 18, n. 2, p. 113-118, 2004, p. 5.

Adolescente (Lei n. 8.069/90) confere legitimidade concorrente e disjuntiva ao Ministério Público, à União, ao Estado, ao Distrito Federal, ao Município e às associações (constituídas há pelo menos 1 ano e com a defesa dos interesses das crianças e dos adolescentes dentre seus fins institucionais sem a necessidade de assembleia, se contar com autorização prévia no estatuto).

4.1. INSTRUMENTOS DE INVESTIGAÇÃO

Os instrumentos de que o Ministério Público se vale para cumprir seu mister são, dentre outros, a ação civil pública, o inquérito civil (objetos do presente estudo), ação civil coletiva, ação anulatória de cláusulas convencionais, recursos. Nesse ponto, cumpre evidenciar a previsão legal expressa no art. 6º da Lei Complementar n. 75 de 1993, que dispõe sobre a organização, as atribuições e o estatuto do Ministério Público da União:

Art. 6º Compete ao Ministério Público da União:

I — promover a ação direta de inconstitucionalidade e o respectivo pedido de medida cautelar;

II — promover a ação direta de inconstitucionalidade por omissão;

III — promover a arguição de descumprimento de preceito fundamental decorrente da Constituição Federal;

IV — promover a representação para intervenção federal nos Estados e no Distrito Federal;

V — promover, privativamente, a ação penal pública, na forma da lei;

VI — impetrar *habeas corpus* e mandado de segurança;

VII — promover o inquérito civil e a ação civil pública para:

a) a proteção dos direitos constitucionais;

b) a proteção do patrimônio público e social, do meio ambiente, dos bens e direitos de valor artístico, estético, histórico, turístico e paisagístico;

c) a proteção dos interesses individuais indisponíveis, difusos e coletivos, relativos às comunidades indígenas, à família, à criança, ao adolescente, ao idoso, às minorias étnicas e ao consumidor;

d) outros interesses individuais indisponíveis, homogêneos, sociais, difusos e coletivos;

VIII — promover outras ações, nelas incluído o mandado de injunção sempre que a falta de norma regulamentadora torne inviável o exercício dos direitos e liberdades constitucionais e das prerrogativas inerentes à nacionalidade, à soberania e à cidadania, quando difusos os interesses a serem protegidos;

O dispositivo acima elencado coloca como atribuição do Ministério Público (MP) o ajuizamento de ações específicas cujo objeto está direitamente relacionado aos direitos a serem tutelados pela instituição. O nosso estudo é voltado à análise de dois deles — inquérito civil e ação civil pública — com base na atuação do MP.

Os instrumentos de atuação da instituição, previstos no art. 6º da Lei Complementar n. 75/93, continuam abaixo, mas com ênfase nos direitos a serem tutelados, ou seja, inexiste uma ação específica; apenas é estabelecido um direito que será, necessariamente, protegido pela atuação do Ministério Público. Nesse sentido segue parte exemplificativa do referido artigo:

IX — promover ação visando ao cancelamento de naturalização, em virtude de atividade nociva ao interesse nacional;

X — promover a responsabilidade dos executores ou agentes do estado de defesa ou do estado de sítio, pelos ilícitos cometidos no período de sua duração; (...)

XII — propor ação civil coletiva para defesa de interesses individuais homogêneos;

XIII — propor ações de responsabilidade do fornecedor de produtos e serviços;

XIV — promover outras ações necessárias ao exercício de suas funções institucionais, em defesa da ordem jurídica, do regime democrático e dos interesses sociais e individuais indisponíveis, especialmente quanto:

a) ao Estado de Direito e às instituições democráticas;

b) à ordem econômica e financeira;

c) à ordem social;

d) ao patrimônio cultural brasileiro;

e) à manifestação de pensamento, de criação, de expressão ou de informação;

f) à probidade administrativa;

g) ao meio ambiente; (...)

XX — expedir recomendações, visando à melhoria dos serviços públicos e de relevância pública, bem como ao respeito, aos interesses, direitos e bens cuja defesa lhe cabe promover, fixando prazo razoável para a adoção das providências cabíveis.

O Ministério Público é legitimado para propor ação civil pública por expressa determinação legal que assegura a celeridade na obtenção de tutela jurídica por proteger o direito de muitos titulares com o manejo de uma única ação.

4.2. TERMO DE AJUSTAMENTO DE CONDUTA NO INQUÉRITO CIVIL

A palavra inquérito deriva do verbo latino *quaeritare* — investigar, indagar — e exprime o ato e efeito de investigar ou sindicar a respeito de fatos que se pretende esclarecer[123].

O conceito de inquérito civil envolve entendimentos divergentes na doutrina quanto a ser um processo ou procedimento administrativo.

Inicialmente, processo é uma relação jurídica vinculativa cujo objetivo é uma decisão, entre o administrado e a Administração ou entre as partes e o Estado.[124] Já procedimento é a atuação, exteriorização de meios, para a concretização do ato pretendido.[125]

---

(123) SILVA, De Plácido e. *Vocabulário jurídico*. 28. ed. Rio de Janeiro: Forense, 2010. p. 746.
(124) SILVA, De Plácido e. *Vocabulário jurídico*. 28. ed. Rio de Janeiro: Forense, 2010. p. 1.096.
(125) *Ibidem*, p.1095.

A corrente doutrinária que afirma ser o inquérito civil um processo administrativo[126] fundamenta esse entendimento na necessidade de o inquérito civil ser escrito, ordenado, ter observadas normas de controle de instauração, instrução e conclusão.

Por outro lado, a corrente doutrinária que entende ser o inquérito civil um procedimento administrativo[127] ressalta o objetivo dele de embasar a decisão do Ministério Público de propor ou não ação civil pública ou mesmo realizar ou não alguma atuação própria da instituição. Essa decisão é *interna corporis* e, por isso, não vincula os outros legitimados; assim, é decisão diversa da existente no processo administrativo.

Entendemos adequado considerar o inquérito civil um procedimento, porque nele inexiste aplicação de sanções; acusações; limitação, restrição ou perda de direito; decisão de interesses. É, sim, um procedimento voltado a formar a convicção do Ministério Público para propor ação civil pública ou ação coletiva. Entendido ser o inquérito civil um procedimento, ele possui natureza inquisitória e não está sujeito ao contraditório.

Em conformidade com o entendimento de Hugo Nigro Mazzilli:[128]

> O inquérito civil é uma investigação administrativa prévia, presidida pelo Ministério Público, que se destina basicamente a colher elementos de convicção para que o próprio órgão ministerial possa identificar se ocorre circunstância que enseje eventual propositura de ação civil pública ou de outra atuação a seu cargo, como a tomada de compromissos de ajustamento ou a realização de audiências públicas e emissão de recomendações pelo Ministério Público.

Observa-se ser o inquérito civil um procedimento administrativo investigatório próprio do Ministério Público. A Resolução n. 23 de 17.9.2007 do Conselho Nacional do Ministério Público, em seu artigo primeiro, traz interessantes considerações a respeito do inquérito civil:

Art. 1º O inquérito civil, de natureza unilateral e facultativa, será instaurado para apurar fato que possa autorizar a tutela dos interesses ou direitos a cargo do Ministério Público nos termos da legislação aplicável, servindo como preparação para o exercício das atribuições inerentes às suas funções institucionais.

Parágrafo único. O inquérito civil não é condição de procedibilidade para o ajuizamento das ações a cargo do Ministério Público, nem para a realização das demais medidas de sua atribuição própria.

---

(126) Conforme afirma José dos Santos Carvalho Filho. *Ação civil pública* — comentários por artigo. 7. ed. São Paulo: Lumen Juris, p. 173.

(127) Nesse sentido Hugo Nigro Mazzilli, *O inquérito civil*: investigações do Ministério Público, compromissos de ajustamento e audiências públicas. 3. ed. São Paulo: Saraiva, 2008. p. 49.

(128) MAZZILLI, Hugo Nigro. *O inquérito civil*: investigações do Ministério Público, compromissos de ajustamento e audiências públicas. 3. ed. São Paulo: Saraiva, 2008. p. 47.

O objeto de investigação pelo inquérito civil acompanhou a ampliação das hipóteses de ação civil pública, por ser ele destinado a checar se determinada situação enseja ou não a propositura de ação civil pública (ACP), e se envolve lesão a qualquer interesse passível de ACP.

O inquérito civil é instrumento investigatório exclusivo do Ministério Público; os outros legitimados a propor a ação civil pública ou a ação coletiva do Código de Defesa do Consumidor — associações civis, União, Estados, Municípios, Distrito Federal, autarquias, empresas públicas, sociedades de economia mista, fundações — podem formar sua convicção através de procedimentos outros que não o inquérito civil.

No que tange à expressão *inquérito civil público*, Hugo Nigro Mazzilli esclarece ser equivocada nos seguintes termos:[129]

> É errônea a expressão, às vezes encontrada, de *inquérito civil público*. Usa-se, sim, a expressão *ação civil pública* em contraposição à *ação civil privada* — mas como não existe inquérito civil *privado*, não há falar em inquérito civil *público*. Seria a mesma impropriedade se falássemos em *inquérito policial público*, apenas porque se destina a colher elementos preparatórios para uma *ação penal pública*. Nem o fato de que uma associação civil pode preparar-se previamente para o ajuizamento de uma ação civil pública transformaria suas investigações preparatórias e informais num *inquérito civil privado*. *Inquérito civil*, pois, só é aquele instaurado pelo Ministério Público.

A instauração do inquérito civil pode ser realizada por qualquer interessado, membro do Ministério Público, desde que mediante análise detalhada de sua necessidade. Sugere Marcelo Zenkner[130] a leitura frequente do Diário Oficial como meio de acompanhar a atividade administrativa, especialmente quanto a avisos de dispensa, convênios e inexigibilidade de licitações e valor de contratos administrativos.

O inquérito civil não se submete a outro procedimento investigatório; assim, existindo sindicância ou processo administrativo disciplinar de agente público com foro privilegiado, o Ministério Público mantém sua legitimidade para instaurar inquérito civil e, inclusive, promover ação judicial posterior.

A investigação realizada pelo Ministério Público através do Inquérito Civil será o norte para a propositura ou não de ação civil pública, ou seja, o mecanismo extrajudicial precede o judicial na tentativa declarada de diminuir o número de demandas em juízo.

---

(129) MAZZILLI, Hugo Nigro. *O inquérito civil*: investigações do Ministério Público, compromissos de ajustamento e audiências públicas. 3. ed. São Paulo: Saraiva, 2008. p. 48.
(130) ZENKNER, Marcelo. *Ministério Público e efetividade do processo civil*. São Paulo: Revista do Tribunais, 2006. p. 324.

O inquérito civil pode terminar de três modos diversos: com o ajuizamento da ação civil pública, com o arquivamento ou com a celebração de termo de ajustamento de conduta entre o Ministério Público e o investigado. Em caso de celebração do referido termo, surge a necessidade da homologação pelo Conselho Superior do Ministério Público, por conta do controle realizado por essa instituição, que tanto poderá concordar com a celebração quanto determinar mais investigações ou o ajuizamento da ação civil pública. A esse respeito é a Súmula n. 12 do Conselho Superior do Ministério Público do Estado de São Paulo (CSMP/SP):

> Sujeita-se à homologação do Conselho Superior qualquer promoção de arquivamento de inquérito civil ou de peças de informação, bem como o indeferimento de representação, desde que contenha peças de informação alusivas à defesa de interesses difusos, coletivos ou individuais homogêneos.

O inquérito civil será arquivado se não houver os pressupostos (jurídicos ou fáticos) aptos a embasar ação civil pública ou, se existentes, a propositura da ação ficar prejudicada. A necessidade, ou não, de encaminhamento ao Conselho Superior do Ministério Público para reexame da decisão de arquivamento do inquérito civil depende do designado pelo próprio Ministério Público.

O CSMP/SP traz em suas súmulas muitas hipóteses de arquivamento de inquérito civil. Cumpre destacar que, caso existam os pressupostos ensejadores de ação civil pública pelo Ministério Público, a primeira providência deve ser tentar solucionar o conflito extrajudicialmente — termos de ajustamento de conduta, recomendações — junto aos responsáveis identificados. Essa é medida importante em face da crise do processo[131] e combate o *complexo de Pilatos*[132], definido pela transferência da responsabilidade pela resolução de certo conflito a outrem.

Nos casos em que não há arquivamento, mas celebração de termo de ajustamento de conduta, o órgão do Ministério Público que celebra o termo com o réu, infrator da lei, fica responsável por acompanhar o correto cumprimento do ajuste.

Há que se diferenciar a *transação referendada pelo Ministério Público* (prevista no art. 585, II, CPC) do termo de ajustamento de conduta, pois aquela possui caráter de transação e integra o rol dos negócios jurídicos bilaterais de natureza contratual, ou seja, há um acordo de vontades entre as partes, referendado pelo Ministério Público, Delegacia de Polícia ou advogados das partes acordantes.[133]

---

(131) Consistente na morosidade na tramitação dos processos judiciais prejudiciais à efetividade da tutela e à proteção do direito violado.
(132) MIRANDA, Marcos Paulo de Souza. A recomendação ministerial como instrumento extrajudicial de solução de conflitos ambientais. *In*: CHAVES, Cristiano; ALVES, Leonardo Barreto Moreira; ROSENVALD, Nelson. *Temas atuais do Ministério Público*. A atuação do *parquet* nos 20 anos da Constituição Federal. Rio de Janeiro: Lumen Juris, 2008.
(133) REIS, Jair Teixeira dos. *Ministério Público*. São Paulo: Lex, 2007. p. 103.

O termo de ajustamento de conduta, por sua vez, não envolve acordo de vontades, firmado perante o Ministério Público, porque possui objeto restritivo e caráter impositivo uma vez que objetiva tomar do interessado o termo de compromisso de ajustamento de sua conduta às exigências legais (art. 5º, § 6º, Lei n. 7.347/85).

O termo de compromisso de ajustamento de conduta, firmado com o Ministério Público em sede de inquérito civil público, possui força executória especial[134], capaz de solucionar espontânea e preventivamente conflitos de caráter coletivo que, outrora utilizada forma diversa de solução, geravam um número excessivo de recursos, causa de grande morosidade no Poder Judiciário.

O Ministério Público Federal realiza interessante pesquisa a respeito da propositura de inquéritos civis pelos Ministérios Públicos dos diversos Estados da Federação. O Ministério Público Federal (MPF) integra — junto com o Ministério Público do Trabalho (MPT), Ministério Público Militar e Ministério Público do Distrito Federal e Territórios (MPDFT) — o Ministério Público da União (MPU). O MPU e os ministérios públicos estaduais formam o Ministério Público brasileiro (MP), instituição que possui a exclusividade de manejar o instrumento inquérito civil.

O Ministério Público Federal é composto por vários órgãos e, dentre eles, por uma Procuradoria Regional dos Direitos do Cidadão (PRDC) em cada Estado da Federação que, conjuntamente com os Procuradores do Cidadão, defende os direitos da pessoa constitucionalmente garantidos e assegura o respeito deles pelos prestadores de serviços públicos e pelo Poder Público em geral.

O Procurador dos Direitos do Cidadão conta com regras fixadas no art. 12 da Lei Complementar Federal n. 75/93 a respeito de sua atuação e poderá realizar, de ofício ou através do requerimento de organização da sociedade civil ou de qualquer pessoa em geral, as determinações abaixo, além de outras:[135]

a)promover o inquérito civil e a ação civil pública para a proteção dos direitos constitucionais da pessoa;

b)expedir recomendações, visando à melhoria dos serviços públicos e de relevância pública, bem como ao respeito, aos interesses, direitos e bens cuja defesa lhe cabe promover, fixando prazo razoável para a adoção das providências cabíveis;

c)requisitar informações e documentos a entidades públicas e privadas;

d)realizar inspeções e diligências investigatórias.

O Ministério Público Federal atua na defesa dos direitos difusos e coletivos através da Procuradoria Federal dos Direitos do Cidadão, que tem como

---

(134) MARTINS FILHO, Ives Gandra da Silva; GALLOTTI, Maria Isabel Pereira Diniz. Termo de ajuste de conduta firmado perante o Ministério Público em inquérito civil público. São Paulo: *Revista LTr*, v. 59, n. 10, p. 1311-1314, out. 1995.
(135) BRASIL. Ministério Público Federal. Disponível em: <http://www.prsp.mpf.gov.br/prdc/prdc/informacoes/o-que-e-a-procuradoria-regional-dos-direitos-do-cidadao/>. Acesso em: 13 dez. 2011.

atribuições coordenar, integrar e revisar a atuação das Procuradorias Regionais dos Direitos do Cidadão (PRDC) em todo o País, dentre outras. O inquérito civil é mecanismo apto à defesa dos direitos difusos e coletivos por possuir característica investigatória voltada ao esclarecimento fático da situação investigada; é o primeiro passo para conhecer se há, realmente, alguma violação ao direitos a ser protegido. Observa-se pela tabela abaixo a instauração de 1395 inquéritos civis em todo o Brasil, no ano de 2010, o que, considerando a atuação de todas as PRDCs do país, é muito, uma média equânime de 53 inquéritos por Estado da Federação brasileira.

TABELA 26

ATUAÇÃO EXTRAJUDICIAL — INSTAURAÇÃO DE INQUÉRITO CIVIL PÚBLICO[136]

Estado	2009	2010	Evolução (%)
ACRE	6	3	-50,0
ALAGOAS	5	22	340,0
AMAPÁ	0	2	100,0
AMAZONAS	11	41	272,7
BAHIA	—	112	100,0
CEARÁ	—	3	100,0
DISTRITO FEDERAL	0	38	100,0
ESPíRITO SANTO	0	0	100,0
GOIÁS	0	2	100,0
MARANHÃO	0	0	100,0
MATO GROSSO	0	51	100,0
MATO GROSSO DO SUL	31	38	22,6
MINAS GERAIS	0	145	100,0
PARÁ	0	75	100,0
PARAíBA	5	8	60,0
PARANÁ	0	136	100,0
PERNAMBUCO	12	105	775,0
PIAUÍ	1	3	200,0
RIO DE JANEIRO	70	205	192,9
RIO GRANDE DO NORTE	3	0	-100,0
RIO GRANDE DO SUL	46	0	-100,0
RONDÔNIA	79	54	-31,6
RORAIMA	0	6	100,0
SANTA CATARINA	120	96	-20,0
SÃO PAULO	16	228	1325,0
SERGIPE	0	0	100,0
TOCANTINS	—	22	100,0
Total	405	1395	244,4

(136) BRASIL. Relatório de Atividades do Ministério Público Federal de 2010. Disponível em: <http://pfdc.pgr.mpf.gov.br/institucional/relatorio_atividades/ relatorio-2010>. Acesso em: 09 dez 2011.

Em comparação com o número total de inquéritos civis instaurados no ano de 2009 (405 no total), é notável a ampliação do manejo desse instrumento investigatório a qual comprova que, conjuntamente com o aumento do número de inquéritos civis, houve o aumento da atuação do Ministério Público na investigação de fatos que podem lesionar direitos difusos e coletivos.

O Ministério Público de São Paulo conta com o número mais expressivo de inquéritos civis instaurados, e isso se deve à amplitude da área física em que atua e à iniciativa de titulares de direitos difusos e coletivos levarem à instituição fatos que requerem investigação através do inquérito civil.

A Procuradoria Regional dos Direitos do Cidadão (PRDC), no Estado de São Paulo, volta a atuação para a defesa dos direitos das pessoas com deficiência, dos estrangeiros, afrodescendentes e outros grupos vulneráveis à discriminação, bem como para o respeito dos direitos constitucionais das pessoas pelos diversos meios de comunicação. O quadro abaixo traz a relação de inquéritos civis instaurados no período de 2003 a 2010, e o número crescente do mecanismo investigatório aponta a crescente cultura de proteção dos direitos difusos e coletivos por todos — pessoas que levam ao conhecimento do Ministério Público a situação fática — e o próprio MP.

Inquéritos Civis Instaurados (2003-2010)[137]

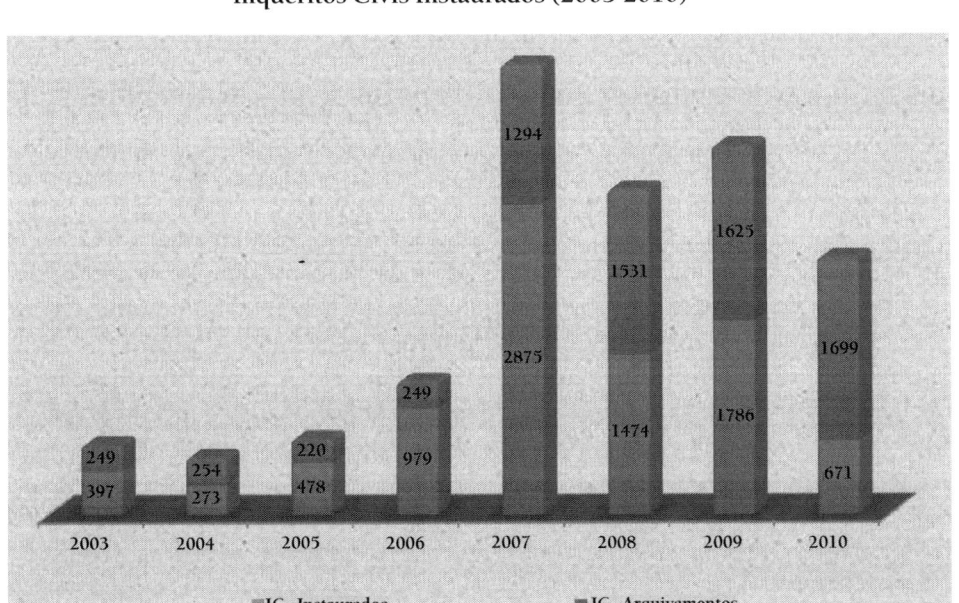

(137) BRASIL. Relatório Diagnóstico do Ministério Público do Estado de São Paulo 2002 — 2010. Disponível em: <http://www.mp.sp.gov.br/portal/page/portal/ home/banco_imagens/flash/Relatorio Diagnostico2011/rdmp57.pdf>. Acesso em: 13 dez. 2011.

O inquérito civil nem sempre culmina no ajuizamento de uma ação civil pública, por ser arquivado ou objeto de termo de ajustamento de conduta, como estudado. O Ministério Público de São Paulo realiza um acompanhamento interessante a respeito dos inquéritos civis que são instaurados e arquivados e daqueles não arquivados, em conformidade com o quadro abaixo:

Inquéritos Civis em andamento e arquivamentos (média: 2002-2010)[138]

Os inquéritos civis não arquivados tanto podem terminar na celebração de um termo de ajustamento de conduta quanto, diretamente, em uma ação civil pública. Esclareça-se que a existência de termo de ajustamento de conduta vigente entre Ministério Público e parte infratora da lei não significa, necessariamente, que não haverá futura ação civil pública. O termo firmado possui força de título executivo extrajudicial, entretanto, se não satisfatório, ensejará o ajuizamento de ação civil pública voltada, igualmente, à adaptação da conduta do réu à conduta dele esperada pela lei com uma condenação final que privilegiará a obtenção desse objetivo. Deve-se ressaltar que o ajuizamento da ação civil pública ocorrerá no caso de termo insatisfatório, pois, se o termo de ajustamento de conduta não for cumprido, ele será objeto de ação de execução em razão de sua força executiva. O quadro abaixo explicita a relação entre inquéritos civis instaurados que culminaram com o ajuizamento de ação civil pública.

(138) BRASIL. Relatório Diagnóstico do Ministério Público do Estado de São Paulo 2002 — 2010. Disponível em: <http://www.mp.sp.gov.br/portal/page/portal/ home/banco_imagens/flash/Relatorio Diagnostico2011/rdmp57.pdf>. Acesso em: 13 dez. 2011.

Relação de Inquéritos Civis Instaurados e ACP Propostas (2003-2010)[139]

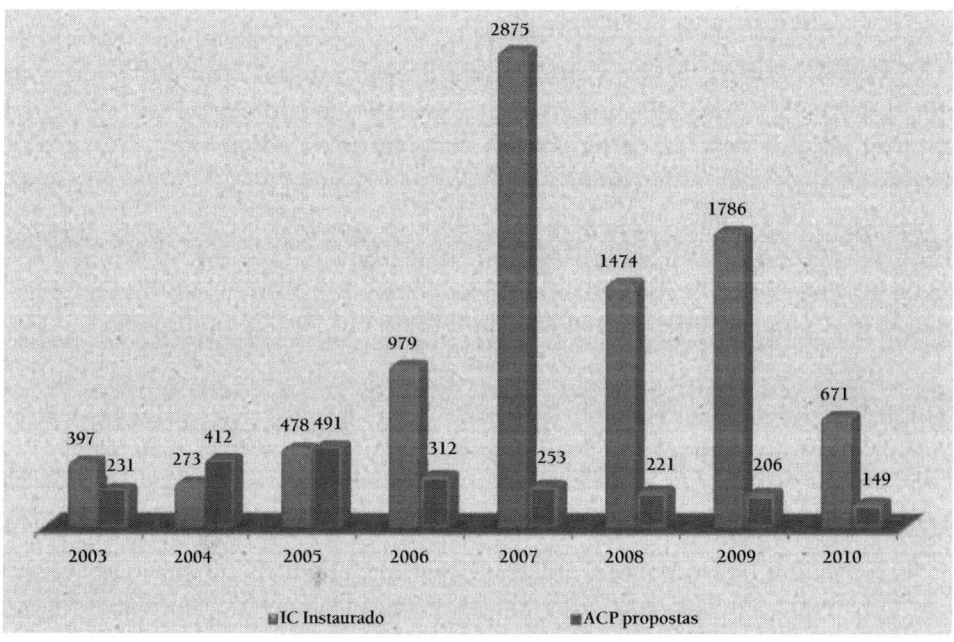

A análise realizada no período de 2003 a 2010 evidencia ser o maior número de inquéritos civis extintos com a celebração de um termo de ajustamento de conduta, pois o número de ações civis públicas propostas é relativamente baixo em comparação ao número de inquéritos instaurados. Mais uma evidência do aumento da utilização do meio extrajudicial de solução de conflitos.

Geisa de Assis Rodrigues[140] realizou interessante pesquisa a respeito da celebração de termos de ajustamento de conduta entre o Ministério Público e o réu infrator da lei e chegou, à época, ano de 2002, à seguinte conclusão:

> O que podemos concluir é que realmente não existe ainda uma cultura de celebração de ajustamento de conduta na Instituição, sendo a sua prática uma escolha ainda muito pessoal.

A tendência da utilização da recomendação é interessante, mas não pode substituir a prática dos ajustes, haja vista que cada um tem seu

(139) BRASIL. Relatório Diagnóstico do Ministério Público do Estado de São Paulo 2002 — 2010. Disponível em: <http://www.mp.sp.gov.br/portal/page/portal/ home/banco_imagens/flash/Relatorio Diagnostico2011/rdmp57.pdf>. Acesso em: 13 dez. 2011.
(140) RODRIGUES, Geisa de Assis. *Ação civil pública e termo de ajustamento de conduta*: teoria e prática. Rio de Janeiro: Forense, 2002.

campo de atuação próprio (...). Ademais, apenas o ajuste tem eficácia executiva, e, portanto, oferece mais garantia à tutela extrajudicial do direito transindividual.

A rica pesquisa desenvolvida pela autora citada culminou com uma conclusão nada animadora, todavia a pesquisa por nós desenvolvida comprova que muitos dos anseios da autora se tornaram realidade. Hoje o número de termos de ajustamento de conduta firmados não só aumentou muito como tende a aumentar ainda mais por conta da postura do Ministério Público de divulgar de modo crescente o trabalho desenvolvido para a proteção dos direitos difusos e coletivos e, com isso, incentivar a todos do povo a levar ao conhecimento da instituição, e de outros legitimados, casos de violação desses direitos.

Dentre os direitos difusos e coletivos defendidos pelo Ministério Público estão os direitos da cidadania, consistentes em direitos constitucionalmente garantidos e que devem ser respeitados pelo Poder Público e propiciado o exercício ao titular. Trata-se de direitos de difícil tutela — tanto extrajudicial, quanto judicial — e a esse respeito Paulo Cezar Pinheiro Carneiro[141] afirma:

> Sob a óptica política, o fato de que estes tipos de direitos, em especial aqueles relativos à cidadania em geral, notadamente os direitos sociais, envolvem diretamente os altos governantes do País, não encontrando especialmente no setor público quem possa protegê-los adequadamente, até porque, como examinado, praticamente não existem associações organizadas para a defesa destes tipos de direito. Finalmente, tem-se que existe do ponto de vista prático grande dificuldade em fazer valer este tipo de direito, (...) pois não existem meios legais fortes para como compelir os governantes a cumprirem tais decisões, sendo praticamente impossível a execução específica.

As considerações do autor são muito atuais, de fato, por conta da escassez de meios adequados a forçar o Poder Público a cumprir a obrigação.

A conclusão de nossa análise, todavia, é bastante animadora, pois demonstra que, nos últimos oito anos, a garantia conferida à tutela extrajudicial de eficácia executiva viabiliza o alcance do resultado prático esperado sem a necessidade de uma demanda judicial, na maioria dos casos. Sem dúvida, há dificuldades a serem superadas, como as enfrentadas pelos direitos da cidadania quanto à falta de recursos financeiros do Poder Público para viabilizar o exercício do direito por todos os seus titulares, mas essas são objeto para (tirar um) outro estudo.

---

(141) CARNEIRO, Paulo Cezar Pinheiro. *Acesso à justiça*. Juizados Especiais Cíveis e Ação Civil Pública. Rio de Janeiro: Forense, 1999. p. 201.

5

EFETIVIDADE DA TUTELA NA AÇÃO CIVIL PÚBLICA

5.1. OBRIGATORIEDADE DA AÇÃO CIVIL PÚBLICA

O Ministério Público conta com o princípio da obrigatoriedade como norte para a sua atuação, e este determina a indisponibilidade da propositura da ação civil pública pela instituição. O dever de agir, inerente ao Ministério Público, torna um dever a ação civil pública a ser ajuizada por ele.

O princípio da obrigatoriedade envolve o ajuizamento da ação pelo Ministério Público e a sua promoção de modo que não é permitido desistir do feito ou negar dar andamento à ação quando o legitimado autor dela desistir sem fundamento. Inclusive, é efeito desse princípio a necessidade de o Ministério Público executar a sentença do processo coletivo, por ser a execução que confere à tutela efetividade.

Em que pese o dever do Ministério Público de prosseguir com a ação até a sentença de mérito, nada obsta a realização de um exame de conveniência fundado no interesse público e na real necessidade de seguir com o pleito, pois, conforme lição de Hugo Mazzilli[142], a indisponibilidade da ação fixada pelo princípio da obrigatoriedade não é absoluta.

É possível a desistência da ação civil pública pelo Ministério Público se não identificada a lesão em que se baseia a ação ou pacificada a questão *sub judice*, mediante fundamentação da decisão. Todavia, é vedado ao Ministério Público renunciar ao direito objeto da ação civil pública por resultar em disponibilidade do direito material. Depreende-se que o Ministério Público pode firmar um termo de ajustamento de conduta com o réu infrator da lei, mas não pode dispor do direito material através de renúncia ou transação (concessão mútua de direitos), por serem indisponíveis os direitos defendidos pela instituição.

A Lei n. 7.347/85, no art. 5º, § 3º, é expressa em afirmar que o Ministério Público assumirá a titularidade ativa da ação civil pública, se associação

---

(142) MAZZILLI, Hugo Nigro. *Ministério Público*. 3. ed. São Paulo: Damasio de Jesus, 2005. p. 30.

legitimada desistir da ação ou abandoná-la. É hipótese de vedação à possibilidade de a instituição desistir da ação.

5.2. EFETIVIDADE DA ATUAÇÃO DO MINISTÉRIO PÚBLICO

A efetividade da tutela coletiva é assegurada pelo art. 83 do Código de Defesa do Consumidor, segundo o qual "para a defesa dos direitos e interesses protegidos por este código são admissíveis todas as espécies de ações capazes de propiciar sua adequada e efetiva tutela".

A previsão expressa de diversas tutelas cabíveis para a tutela coletiva garante a efetividade desta, pois a diversidade é fator determinante para a obtenção da efetividade. A correlação entre o direito material e o processual envolve técnicas processuais diversas que colaboram para a necessidade específica de determinado direito e viabilizam a produção dos efeitos pretendidos pelo titular. Assim entende Marcos Destefenni:[143]

> Ou seja, o instrumento deve, necessariamente, ser adaptado às exigências do direito material, de forma que sejam concebidos mecanismos processuais diferenciados que propiciem uma prestação de "tutelas jurisdicionais diferenciadas".

As ações coletivas comportam qualquer tipo de tutela jurisdicional e consequentemente comandos condenatório, declaratório, constitutivo, autoexecutável ou mandamental. Em especial, a ação civil pública tem objeto difuso e conta com vários legitimados, dentre eles o Ministério Público — intermediário entre Estado e cidadão — e a lei disciplinadora da ACP em conjunto com a lei da ação popular, lei do mandado de segurança coletivo, do Código de Defesa do Consumidor, do Estatuto da Criança e do Adolescente e do Idoso formam um microssistema com regras específicas para a tutela de cada direito pleiteado pelos diferentes titulares.

As diferentes características de cada titular de direito passível de ação civil pública comportam tratamento diferenciado abordado, no presente estudo, em cada fase em que aparecem as especificidades. Nesse ponto ressaltamos interessante conceito de discriminação elaborado por Patrícia Tuma Martins Bertolin:[144]

---

(143) DESTEFENNI, Marcos. *Estabilidade, congruência e flexibilidade na tutela coletiva*. Tese (Doutorado em Direito das Relações Sociais Direitos Difusos). São Paulo: Pontifícia Universidade Católica, 2008. p. 130.
(144) BERTOLIN, Patrícia Tuma Martins; CARVALHO, Suzete. A segregação ocupacional da mulher: será a igualdade jurídica suficiente para superá-la? *In*: BERTOLIN, Patrícia Tuma Martins; ANDREUCCI, Ana Claudia Pompeu Torezan (organizadoras). *Mulher, sociedade e direitos humanos*. São Paulo: Rideel, 2010. p. 189.

Discriminar é segregar, separar, excluir ao arrepio da lei, fruto de um preconceito arraigado cujas perversas consequências geralmente não se restringem ao plano individual, chegando a afetar imensos contingentes de seres humanos.

Consoante o conceito supracitado, não há que se falar em abordagem discriminatória de cada titular de direito objeto de ação civil pública, mas, sim, de técnica específica voltada a cada titular para propiciar efetividade à tutela pleiteada.

A Lei n. 7.347/85 fixa as regras processuais especiais a serem adotadas na ação civil pública, enquanto as leis que abordam, especificamente, cada direito difuso e coletivo (Estatuto da Criança e do Adolescente, Estatuto do Idoso, Estatuto da Pessoa com Deficiência, por exemplo) tratam de regras materiais a serem observadas quando da tutela de cada direito em especial.

O Ministério Público do Estado de São Paulo, por exemplo, atua na defesa dos direitos difusos e coletivos, todavia conta com um número maior de atuações em certas áreas específicas na proporção apresentada pelo quadro abaixo:

Ações Civis Públicas em andamento por área de atuação (2003-2010)[145]

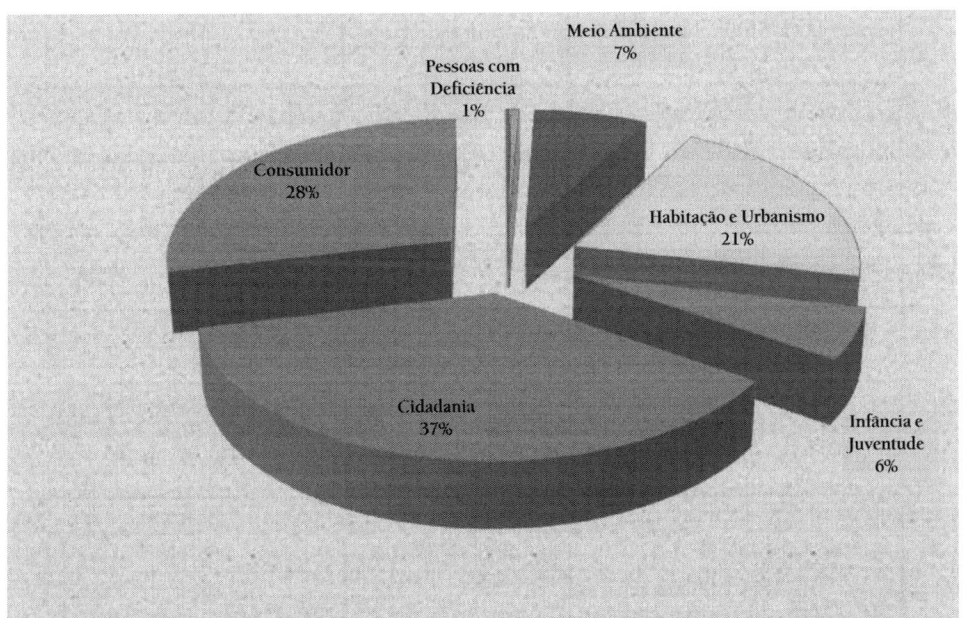

(145) BRASIL. Relatório Diagnóstico do Ministério Público do Estado de São Paulo 2002 — 2010. Disponível em: <http://www.mp.sp.gov.br/portal/page/portal/ home/banco_imagens/flash/Relatorio Diagnostico2011/rdmp57.pdf>. Acesso em: 13 dez. 2011.

Ademais, a atuação do Ministério Público na proteção desses direitos é bastante efetiva, como comprovam os relatórios de atuação abaixo informados. A atuação judicial da instituição envolve, em especial, o ajuizamento de ações civis públicas fundadas nos referidos direitos difusos e coletivos.

TABELA 30

ATUAÇÃO JUDICIAL — AÇÕES JUDICIAIS[146]

Estado	2009	2010	Evolução (%) 2009-2010
ACRE	0	5	100,0
ALAGOAS	37	8	-78,4
AMAPÁ	2	2	0,0
AMAZONAS	10	83	730,0
BAHIA	—	57	100,0
CEARÁ	75	13	-82,7
DISTRITO FEDERAL	22	5	-77,3
ESPíRITO SANTO	2	18	800,0
GOIÁS	5	21	320,0
MARANHÃO	2	2	0,0
MATO GROSSO	0	34	100,0
MATO GROSSO DO SUL	115	5	-95,7
MINAS GERAIS	2	138	6800,0
PARÁ	30	33	10,0
PARAíBA	2	11	450,0
PARANÁ	6	36	500,0
PERNAMBUCO	110	87	-20,9
PIAUÍ	61	2	-96,7
RIO DE JANEIRO	12	15	25,0
RIO GRANDE DO NORTE	15	1	-93,3
RIO GRANDE DO SUL	40	15	-62,5
RONDÔNIA	3	2	-33,3
RORAIMA	68	9	-86,8
SANTA CATARINA	418	502	20,1
SÃO PAULO	44	83	88,6
SERGIPE	28	3	-89,3
TOCANTINS	—	10	100,0
Total	1109	1200	8,2

(146) BRASIL. Relatório de Atividades do Ministério Público Federal de 2010. Disponível em: <http://pfdc.pgr.mpf.gov.br/institucional/relatorio_atividades/ relatorio-2010>. Acesso em: 09 dez 2011.

A tabela acima realiza um comparativo de atuação do Ministério Público estadual entre 2009 e 2010. O Ministério Público do Estado de Santa Catarina já contava com um número considerável de ações judiciais em 2009 (418) e em 2010 aumentou o número delas em 20,1% (foi para 502 ações). Por outro lado, o número de inquéritos civis instaurados no mesmo período diminuiu, do que se depreende a desnecessidade de investigação dos fatos conhecidos pela instituição para constatar a necessidade de ajuizamento de ação civil pública para tutelar o direito violado.

O Ministério Público do Estado de São Paulo, diferentemente do de Santa Catarina, apresentou enorme aumento proporcional no número de ações judiciais propostas (de 44 em 2009 para 83 em 2010) e, também, no número de inquéritos civis instaurados (16 em 2009 e 228 em 2010), o que ressalta a maior atuação da instituição na defesa dos direitos difusos e coletivos. Outro quadro importante para o estudo da atuação do Ministério Público é o que relaciona as ações civis públicas propostas com as sentenças procedentes obtidas nelas.

Relação entre ACP propostas e Sentenças Procedentes (2003-2010)[147]

Em que pese a grande diferença existente entre o número de ações civis públicas propostas e o número, aparentemente pequeno, de sentenças

(147) BRASIL. Relatório Diagnóstico do Ministério Público do Estado de São Paulo 2002 — 2010. Disponível em: <http://www.mp.sp.gov.br/portal/page/portal/ home/banco_imagens/flash/Relatorio Diagnostico2011/rdmp57.pdf>. Acesso em: 13 dez. 2011.

procedentes, não se pode olvidar o fato de a ação civil pública comportar termo de ajustamento de conduta judicial, e este ter o condão de extinguir a ação com o julgamento do mérito. Destarte, depreende-se que boa parte das ações civis públicas propostas cumprem o objetivo almejado com a celebração de termo de ajustamento de conduta.

5.3. TERMO DE AJUSTAMENTO DE CONDUTA NA AÇÃO CIVIL PÚBLICA

A composição voluntária do conflito que deu origem à atuação do Ministério Público, através da assinatura do inquirido do termo de ajuste de conduta fixado para a adequação às normas legais, foi prevista no art. 5º, § 6º da Lei da Ação Civil Pública (Lei n. 7.347/85)[148].

O Ministério Público pode, se entender adequado, celebrar termo de ajustamento de conduta no curso de ação civil pública e, nessa ocasião, é salutar ouvir previamente[149] o Conselho Superior do Ministério Público para assegurar proteção aos direitos que a fundamentam.

O Ministério Público do Estado de São Paulo possui entendimento diverso a respeito da necessidade de ouvir previamente o Conselho, conforme afirma a Súmula n. 25 do Conselho Superior do Ministério Público do Estado de São Paulo (CSMP/SP):

Não há intervenção do Conselho Superior do Ministério Público quando a transação for promovida pelo Promotor de Justiça no curso de ação civil pública ou coletiva.

Destarte, a oitiva prévia do referido Conselho dependerá da prática existente em cada Ministério Público Estadual. No Estado de São Paulo, a instituição entendeu que o controle do termo de ajustamento de conduta em sede de ação civil pública é jurisdicional, por ser realizado pela homologação ou não do termo na sentença prolatada em juízo.

A legitimidade para propor ação civil pública é diversa daquela do termo de ajuste de conduta. Este só pode ser proposto por órgão público legitimado, em conformidade com o expresso no art. 5º, § 6º, Lei n. 7.347/85. Ressalte-se que o Ministério Público, logicamente, não é o único legitimado para a propositura do referido termo, entretanto é o órgão mais bem equipado para tanto, além de contar com legitimidade qualificada[150], decorrente de previsão constitucional expressa.

---

(148) Art. 5º, § 6º, Lei n. 7.347/85. Os órgãos públicos legitimados poderão tomar dos interessados compromisso de ajustamento de sua conduta às exigências legais, mediante combinações, que terá eficácia de título executivo extrajudicial.
(149) MAZZILLI, Hugo Nigro. O inquérito civil: investigações do Ministério Público, compromissos de ajustamento e audiências públicas. 3. ed. São Paulo: Saraiva, 2008. p. 294.
(150) SILVA, Luciana Aboim Machado Gonçalves da. Termo de ajuste de conduta. São Paulo: LTr, 2004. p. 23.

A validade do termo de ajustamento de conduta dependerá da observância de requisitos subjetivos, objetivos, formais e temporais.[151] O requisito subjetivo é a necessidade de as partes corretas participarem do ato — aquele que violou a lei e o órgão público. O requisito objetivo exige que conste do termo a conduta ofensiva aos direitos difusos ou coletivos, o termo firmado pelo interessado e as providências para ajustar a conduta à lei (outras determinações são subsidiárias). O requisito formal fixa que o termo deverá ser escrito e sujeito à formalização, por instrumento privado ou público. Por fim, o requisito temporal determina prazo para o cumprimento da obrigação ajustada, fator determinante para propiciar o ajustamento da conduta do ofensor o quanto antes.

A resposta da autoridade judiciária nos conflitos coletivos, preferencialmente, deve ser negociada e não gerar efeitos retroativos. Disto advém a exigência de um termo de ajustamento de conduta (plano de atuação voltado à adequação do infrator à lei) e não só de uma decisão a ser cumprida. Fábio Konder Comparato[152] afirma que:

> O objetivo da decisão não é resolver um litígio composto de fatos já acontecidos, mas editar normas de conduta para guiar o comportamento do réu no futuro. O provimento judicial não é necessariamente imposto, mas com frequência negociado entre as partes.

Observamos, contudo, que a realidade forense enfrenta número considerável de ações civis públicas baseadas em ideais nem sempre pacificados e que exigem decisão apta a interpretá-los. Destarte a característica da resposta da autoridade não corresponde à negociação, mas à decisão.

Há corrente doutrinária[153] que identifica imprescritibilidade dos pedidos objeto de ação civil pública, fato passível de resultar em decisão com capacidade para retroagir por enorme tempo.

Semelhantemente, há entendimento dominante a respeito da impossibilidade de transação quanto ao objeto da ação civil pública, entretanto é possível o ajustamento de conduta em que o implicado deve fazer o determinado pelo autor da demanda. Há uma negociação a respeito do modo pelo qual o réu ajustará sua conduta ao determinado pelo termo celebrado.

Destarte, o termo de ajustamento de conduta tem o condão de adaptar o comportamento da empresa infratora à lei e, embora não seja adequado

---

(151) CARVALHO FILHO, José dos Santos. *Ação civil Pública* — comentários por artigo. 7. ed. São Paulo: Lumen Juris, 2009. p. 223-224.
(152) COMPARATO, Fábio Konder. Novas funções judiciais no Estado Moderno. *In: RT 614/17*, p. 215.
(153) COSTA, Susana Henriques da (coord.). *Comentários à Lei de Ação Civil Pública e Lei de Ação Popular*. São Paulo: Quartier Latin, 2006. p. 332.

considerar imprescritível o objeto da ação civil pública pela possibilidade de retroagir no tempo, o ajuste difere da transação quanto ao objeto da ação, pois esta consiste em concessão mútua de direitos.

A eficácia do termo de ajustamento de conduta firmado em ação civil pública difere da eficácia do termo celebrado em inquérito civil, pois naquela há uma ação em curso, e o termo só produzirá efeito depois de homologado. São duas as possibilidades da ação civil pública quando há celebração de termo de ajustamento de conduta: suspensão ou extinção. A ação civil pública poderá ficar suspensa até o cumprimento total das obrigações fixadas no termo. Se o termo de ajustamento de conduta for homologado em juízo, depois de celebrado na ação civil pública, esta se extinguirá com julgamento do mérito.

A solução mais correta dependerá da situação fática. Na hipótese em que a ação civil pública é extinta, o cumprimento do termo de ajustamento de conduta ocorre fora do processo, assim é mais adequada às ocasiões em que as obrigações a serem cumpridas estão expressas no termo de modo claro e sejam líquidas e certas para facilitar uma eventual execução futura. Já a hipótese de suspensão da ação civil pública é adequada aos casos em que o cumprimento da obrigação depende de evento futuro (perícia a respeito de periculosidade, ou estudo técnico específico, por exemplo).

O termo de ajustamento de conduta homologado em ação civil pública é título executivo judicial e será executado pelo autor da ação civil pública. Em caso de não execução do ajuste pelo autor da ação, o Ministério Público executará o título executivo judicial. Se, porventura, os demais legitimados discordarem, deverão se manifestar através dos recursos cabíveis (apelação, agravo) ou das ações autônomas de impugnação (mandado de segurança, reclamação constitucional e legal), conforme o caso concreto.

O termo de ajustamento de conduta, depois de homologado em juízo, deve contar com a publicidade necessária para fazer chegar aos interessados o conhecimento do termo firmado e permitir a execução deste, se descumprido. Homologado o termo de ajustamento de conduta em ação civil pública, este fará coisa julgada material *erga omnes*.

A tabela abaixo refere-se à atuação do Ministério Público na celebração de termos de ajustamento de conduta fora da ação civil pública.

TABELA 28

ATUAÇÃO EXTRAJUDICIAL — TAC[154]

Estado	2009	2010	Evolução (%)
ACRE	1	0	-100,0
ALAGOAS	7	0	-100,0
AMAPÁ	0	0	0,0
AMAZONAS	2	10	400,0
BAHIA	—	3	100,0
CEARÁ	1	0	-100,0
DISTRITO FEDERAL	0	0	0,0
ESPÍRITO SANTO	0	5	100,0
GOIÁS	0	2	100,0
MARANHÃO	1	1	0,0
MATO GROSSO	0	0	100,0
MATO GROSSO DO SUL	0	2	100,0
MINAS GERAIS	0	2	100,0
PARÁ	0	1	100,0
PARAÍBA	0	2	100,0
PARANÁ	1	1	0,0
PERNAMBUCO	2	2	0,0
PIAUÍ	1	0	-100,0
RIO DE JANEIRO	0	0	0,0
RIO GRANDE DO NORTE	0	0	100,0
RIO GRANDE DO SUL	0	2	100,0
RONDÔNIA	0	0	100,0
RORAIMA	0	0	0,0
SANTA CATARINA	5	3	-40,0
SÃO PAULO	1	9	800,0
SERGIPE	0	0	100,0
TOCANTINS	—	1	100,0

---

(154) BRASIL. Relatório de Atividades do Ministério Público Federal de 2010. Disponível em: <http://pfdc.pgr.mpf.gov.br/institucional/relatorio_atividades/ relatorio-2010>. Acesso em: 09 dez 2011.

Em que pese o número verificado na tabela acima ser baixo, a celebração de termo de ajustamento de conduta cresceu, comparativamente ao ano de 2009, em 2010, conforme comprova o gráfico abaixo.

GRÁFICO 9

ATUAÇÃO EXTRAJUDICIAL — TAC[155]

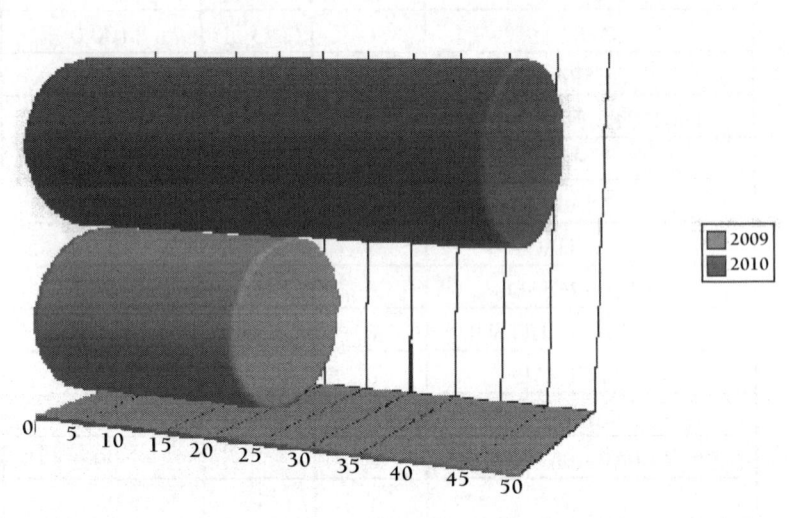

O Ministério Público do Estado de São Paulo apresenta uma atuação equilibrada, ao longo dos anos, quanto à celebração de termos de ajustamento de conduta, consoante o gráfico a seguir.

(155) BRASIL. Relatório de Atividades do Ministério Público Federal de 2010. Disponível em: <http://pfdc.pgr.mpf.gov.br/institucional/relatorio_atividades/ relatorio-2010>. Acesso em: 09 dez 2011.

Termos de Conduta e Ajustamento — 2002-2010[156]

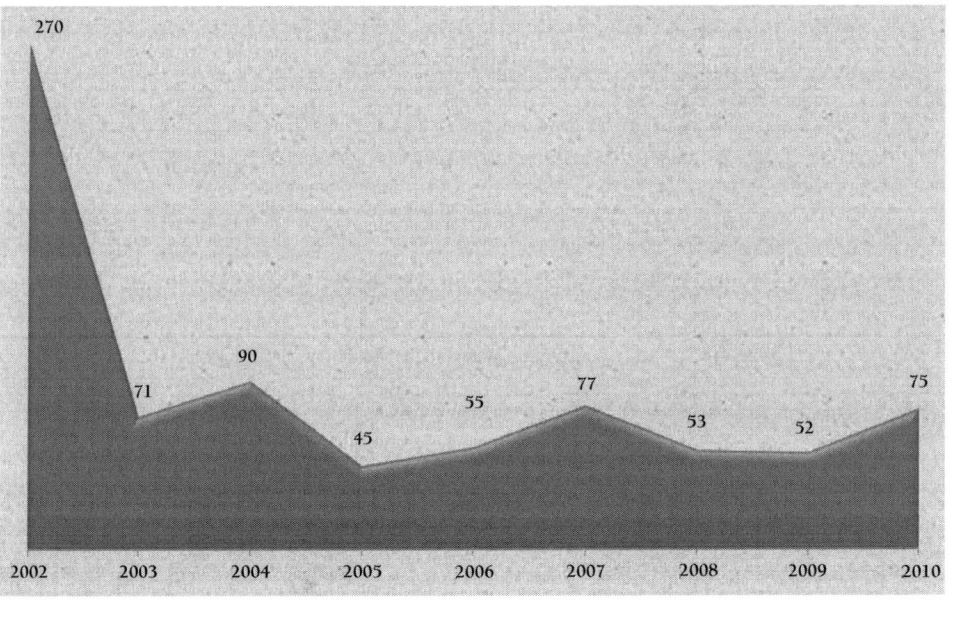

Os relatórios de atuação utilizados em nossa pesquisa colaboram para a verificação da tendência à ampliação da proteção dos direitos difusos e coletivos e, especialmente, para a alocação de recursos em cada órgão do Ministério Público conforme a demanda de trabalho apresentada exija, ou seja, não só demonstra se a instituição está atuando adequadamente, como colabora para a manutenção do bom trabalho e solução de problemas.

5.4. SENTENÇA MANDAMENTAL

A ação civil pública é destinada à proteção de direitos difusos e coletivos cuja violação pode envolver uma ação ou uma omissão que, consequentemente, demandarão uma decisão que obrigue o réu a uma conduta negativa ou positiva, respectivamente. A lei será a fonte mediata para essas ações, por prever a tutela aos direitos difusos e coletivos, e a sentença judicial será a fonte imediata por determinar ordens concretas contra quem violou os direitos.

A Lei da Ação Civil Pública prevê expressamente a prolação de sentença mandamental, permitindo que o juiz determine o cumprimento da prestação da atividade devida ou a cessação da atividade nociva[157].

(156) BRASIL. Relatório Diagnóstico do Ministério Público do Estado de São Paulo 2002 — 2010. Disponível em: <http://www.mp.sp.gov.br/portal/page/portal/ home/banco_imagens/flash/Relatorio Diagnostico2011/rdmp57.pdf>. Acesso em: 13 dez. 2011.
(157) NERY JUNIOR, Nelson. *Constituição Federal comentada e legislação constitucional*. 2. ed. São Paulo: Revista do Tribunais, 2009. p. 848.

O juiz declara, na sentença, a existência do direito do autor e a possibilidade de ele obter o bem jurídico pleiteado em juízo, o que confere à decisão caráter condenatório. Essa decisão assegura a efetividade da sanção fixada, pois obriga o réu a cumprir a prestação de dar, fazer ou não fazer. Nesse sentido é o art. 11, da Lei n. 7.347/85:

> Na ação que tenha por objeto o cumprimento de obrigação de fazer ou não fazer, o juiz determinará o cumprimento da prestação da atividade devida ou a cessação da atividade nociva, sob pena de execução específica, ou de cominação de multa diária, se esta for suficiente ou compatível, independentemente de requerimento do autor.

O juiz, ao prolatar a sentença mandamental, expede ordem que configura crime de desobediência, se o destinatário desobedecer a ela, e esta possibilidade confere à sentença eficácia executiva em sentido *lato*.

O termo *determinará* constante do dispositivo supra, destaca a ordem judicial, constante da decisão, a ser observada, obrigatoriamente, pelo destinatário — aquele a quem o juiz fixa a obrigação de fazer ou não fazer. Em caso de resistência à ordem, haverá execução específica.

6

AÇÃO CIVIL PÚBLICA
E MINISTÉRIO PÚBLICO

6.1. LEGITIMIDADE DO MINISTÉRIO PÚBLICO

A Lei n. 7.347/85 prevê expressamente a legitimidade do Ministério Público, das associações, da Defensoria Pública, da União, dos Estados, do Distrito Federal, dos Municípios, das autarquias, das empresas públicas, das fundações e das sociedades de economia mista, no art. 5º, todavia identifica-se a utilização abusiva da ação civil pública pelo Ministério Público, em especial nos casos em que a instituição busca impor seus valores subjetivos nos temas estatais[158], por conta dos muitos conceitos indeterminados na norma fixadora do objeto da ação civil pública.

A legitimidade para propositura da ação civil pública é concorrente, pois concedida a vários legitimados, e disjuntiva (cada legitimado pode atuar de modo autônomo). A regra quanto à legitimidade no ordenamento jurídico brasileiro é a legitimidade ordinária, consistente na parte processual ser a titular do direito; já a legitimidade extraordinária é exceção — parte não titular do direito age em nome próprio para a defesa de direito alheio. Quanto à legitimidade da ação civil pública, a natureza jurídica da legitimidade ativa conta com três correntes diversas. A primeira[159] entende ser ordinária a legitimidade para a defesa de direitos difusos e coletivos, porquanto os legitimados defendem interesses da coletividade e próprios também. A segunda[160] corrente defende ser extraordinária a legitimidade, pois os legitimados, ao defenderem interesses metaindividuais, atuam em nome próprio, mas defendem direito alheio. Por fim o terceiro[161] entendimento afirma ser a legitimidade autônoma por envolver a defesa de direitos indivisíveis pertencentes à coletividade.

Embora todas as três correntes sejam muito bem fundamentadas e apresentem reflexões interessantes, concordamos com o entendimento da

---

(158) DINAMARCO, Pedro da Silva. *Ação civil pública*. São Paulo: Saraiva, 2001. p. 215.

(159) Pertencem a essa corrente Sérgio Shimura e Kazuo Watanabe.

(160) Defendem esse entendimento Pedro da Silva Dinamarco e Pedro Lenza.

(161) Adota esse posicionamento Ricardo de Barros Leonel.

primeira corrente, porquanto o legitimado a propor a ação civil pública (ou ação coletiva em geral) fundada em direitos difusos e coletivos integra, também, a coletividade e, por conseguinte, tem interesse direto na demanda. A fixação de rol de legitimados pela Lei n. 7.347/85 decorre da necessidade de estipular quais entidades têm capacidade de representar um número maior de titulares do direito; não se trata de interesse, mas de capacidade de agrupamento de interesses, pois é esta providência que colabora para o combate à atomização de demandas.

A legitimidade do Ministério Público para a tutela de direitos difusos e coletivos em ação civil pública é constitucional, pois prevista no art. 129, III, da Constituição Federal e no art. 5º da Lei n. 7.347/85, e não pode ser restringida. Há, inclusive, previsão expressa a respeito da legitimidade para integrar o polo ativo da ação civil pública, caso a associação autora desista da demanda ou a abandone.

A ação civil pública é um meio processual voltado à postulação pela sociedade civil (através dos legitimados) da defesa dos interesses metaindividuais de que é titular. As associações defensoras de direitos difusos e coletivos receberam, inclusive, incentivos voltados à dispensa de requisitos legais específicos se existente interesse público concreto (serem constituídas há mais de um ano) e a não responsabilização em caso de sucumbência. Tais medidas habilitam as associações a atuarem mais efetivamente na propositura da ação civil pública e evitam que a atuação voltada à efetividade de direitos difusos e coletivos fique apenas por conta do Poder Público. Inclusive, a esse respeito, sustenta Kazuo Watanabe[162] que os incentivos à atuação das associações na propositura de ações civis públicas colaboram para o fortalecimento da sociedade civil.

Apesar da legitimidade para atuação das associações e a motivação conferida pela lei, observamos que o Ministério Público segue com a atuação mais efetiva, ou seja, ainda é o legitimado que mais propõe ações civis públicas em defesa dos direitos difusos e coletivos.

O recente entendimento dos tribunais tem restringido a atuação do Ministério Público na defesa dos interesses transindividuais mediante a exigência da chamada relevância social. Destarte, a instituição pode atuar livremente para a defesa de direitos difusos (por refletirem na sociedade), entretanto a defesa de direitos coletivos e, em especial individuais homogêneos, deve contar com importância social nos termos da Súmula n. 7 do Conselho Superior do Ministério Público do Estado de São Paulo (CSMP/SP):[163]

---

(162) WATANABE, Kazuo. *Código brasileiro de defesa do consumidor* — comentado pelos autores do anteprojeto, p. 707.
(163) BRASIL. Súmulas do Conselho Superior do Ministério Público do Estado de São Paulo Disponível em: <http://www.faimi.edu.br/v8/RevistaJuridica/Edicao4/CSMP-sumulas.pdf>. Acesso em: 13 dez. 2011.

O Ministério Público está legitimado à defesa de interesses ou direitos individuais homogêneos que tenham expressão para a coletividade, tais como: a) os que digam respeito a direitos ou garantias constitucionais, bem como aqueles cujo bem jurídico a ser protegido seja relevante para a sociedade (v. g., dignidade da pessoa humana, saúde e segurança das pessoas, acesso das crianças e adolescentes à educação); b) nos casos de grande dispersão dos lesados (v. g., dano de massa); c) quando a sua defesa pelo Ministério Público convenha à coletividade, por assegurar a implementação efetiva e o pleno funcionamento da ordem jurídica, nas suas perspectivas econômica, social e tributária.

A tutela dos direitos inerentes às pessoas com deficiência e às crianças e adolescentes, em especial, conta com a atuação dominante do Ministério Público — legitimado tanto pela Constituição Federal em vigor quanto pela Lei n. 7.853/89, art. 3º, e art. 210, I do Estatuto da Criança e do Adolescente. Essa realidade destaca a rápida e eficaz utilização do instituto da ação civil pública no Brasil pelo Ministério Público em virtude de a independência dos membros e da operação jurídica por ele desenvolvida serem muito conhecidas, o que colabora para evidenciar a legitimidade atribuída à instituição.

6.2. FASE DE CONHECIMENTO

A ação civil pública surgiu com a Lei n. 7.437, de 24 de julho de 1985, e destinou-se à proteção dos direitos e interesses relacionados ao consumidor, ao meio ambiente, aos bens e direitos de valor artístico, histórico, estético, paisagístico, turístico, a qualquer outro interesse difuso ou coletivo e infrações contra a ordem econômica. Essa ação é também disciplinada no Código de Defesa do Consumidor (Lei n. 8.078/90) por remissão expressa na lei da ação civil pública (Art. 21. Aplicam-se à defesa dos direitos e interesses difusos, coletivos e individuais, no que forem cabíveis, os dispositivos do Título III da lei que instituiu o Código de Defesa do Consumidor.).

Considerando os princípios de hermenêutica, a remissão feita por uma lei a dispositivo de lei diversa de hierarquia igual torna esses dispositivos integrantes da lei[164]. Disso se depreende a interação existente entre o sistema da lei da ação civil pública e o sistema do Código de Defesa do Consumidor, ambos passíveis de aplicação às ações que abordam direitos ou interesses difusos, coletivos e individuais homogêneos.

A ação civil coletiva trouxe a possibilidade de defesa dos direitos subjetivos individuais de forma coletiva. Esses direitos, antes tutelados apenas isoladamente, passaram a ser agrupados em demandas coletivas quando caracterizados pela homogeneidade. Trata-se de ação prevista no Código de Defesa do Consumidor (art. 81, III c.c art. 91 e seguintes). A ação civil coletiva é destinada à defesa do consumidor e aos litígios que destacarem de modo

---

(164) LISBOA, Roberto Senise. *Contratos difusos e coletivos*. São Paulo: Revista do Tribunais, 1997. p. 496.

particularizado os interesses e direitos individuais homogêneos. Cumpre ressaltar que a ação civil coletiva é a *class action* americana trazida para o direito brasileiro. Trata-se de dispositivo previsto na regra 23 das *Federal Rules of Civil Procedure* do sistema de *common law* americano[165]:

> "Rule 23. Class Actions
>
> **(a) Prerequisites.**
>
> One or more members of a class may sue or be sued as representative parties on behalf of all members only if:
>
> (1) the class is so numerous that joinder of all members is impracticable,
>
> (2) there are questions of law or fact common to the class,
>
> (3) the claims or defenses of the representative parties are typical of the claims or defenses of the class; and
>
> (4) the representative parties will fairly and adequately protect the interests of the class.
>
> **(b) Types of Class Actions.**
>
> A class action may be maintained if Rule 23(a) is satisfied and if:
>
> (1) prosecuting separate actions by or against individual class members would create a risk of:
>
> (A) inconsistent or varying adjudications with respect to individual class members that would establish incompatible standards of conduct for the party opposing the class; or
>
> (B) adjudications with respect to individual class members that, as a practical matter, would be dispositive of the interests of the other members not parties to the individual adjudications or would substantially impair or impede their ability to protect their interests;
>
> (2) the party opposing the class has acted or refused to act on grounds that apply generally to the class, so that final injunctive relief or corresponding declaratory relief is appropriate respecting the class as a whole; or
>
> (3) the court finds that the questions of law or fact common to class members predominate over any questions affecting only individual members, and that a class action is superior to other available methods for fairly and efficiently adjudicating the controversy. The matters pertinent to these findings include:
>
> (A) the class members' interests in individually controlling the prosecution or defense of separate actions;
>
> (B) the extent and nature of any litigation concerning the controversy already begun by or against class members;
>
> (C) the desirability or undesirability of concentrating the litigation of the claims in the particular forum; and
>
> (D) the likely difficulties in managing a class action.(...)"

Os direitos ou interesses difusos, coletivos e individuais homogêneos — já diferenciados anteriormente — contam com duas espécies de ações para a sua tutela. São elas a ação civil pública e a ação civil coletiva.

---

(165) YEAZELL, Stephen C. *Federal rules of civil procedure*. New York — USA: Aspen Pub, 2005. p. 85.

Denominar *pública* uma ação é pleonasmo, pois toda ação é pública por ser um instrumento de direito processual. O termo *civil pública* é hoje utilizado, pois a ação civil pública era ação com legitimação atribuída a órgão do Poder Público (Ministério Público).[166]

O desenvolvimento histórico da ação civil pública ampliou o rol de legitimados para a demanda, e isso tornou irrelevante a discussão terminológica a respeito do instituto.

Ainda quanto à terminologia, cumpre ressaltar o entendimento diverso acerca da utilização ou não como sinônimos dos termos *ação civil pública* e *ação coletiva*. Há quem entenda ser *ação civil pública* termo adequado à defesa de interesses difusos e coletivos, e *ação coletiva* para direitos individuais homogêneos; outros defendem ser esta a ação proposta por outro colegitimado que não o Ministério Público e aquela a proposta pelo Ministério Público.

Em que pese o fato da ação civil pública e da ação civil coletiva serem muito semelhantes em alguns pontos, cada uma delas é destinada à hipótese específica e, nesse ponto, observa-se prática contraditória consistente na utilização da ação civil pública para pleitear judicialmente em favor dos interesses individuais homogêneos dos consumidores. Ademais, essa utilização leva muitos doutrinadores a defenderem a inexistência de diferença entre essas ações e, nesse ponto, cumpre ressaltar que o presente estudo se destina à análise da legitimidade do Ministério Público para executar a ação civil pública, verse esta sobre direitos individuais homogêneos ou não.

A distinção e o interesse das duas espécies de ações tratadas acima não se restringem ao âmbito doutrinário, porque a interposição de uma delas no lugar da outra pode causar prejuízo às partes, bem como questionamento a respeito da legitimidade ativa para agir. O ordenamento jurídico é claro na sua intenção de distinguir expressamente essas duas ações, conforme afirma João Batista de Almeida[167]:

> a) o Código de Defesa do Consumidor tratou da ação civil coletiva em capítulo próprio (Cap. II, art. 91 e seguintes, e b) a Lei Complementar n. 75, de 20.5.1993, atribuiu ao Ministério Público da União a promoção da ação civil pública (art. 6º, inc. VII) e da ação civil coletiva para defesa de interesses individuais homogêneos (art. 6º, inc. XII).

A ação civil pública destina-se à tutela dos direitos difusos — transindividuais de natureza divisível com titulares indeterminados e ligados

---

(166) LEITE, Carlos Henrique Bezerra. *Ação civil pública*: nova jurisdição trabalhista metaindividual: legitimação do Ministério Público. São Paulo: LTr, 2001. p. 93.
(167) ALMEIDA, João Batista de. Ação Civil Pública e Ação Civil Coletiva: afinidades e distinções. *Revista de Direito do Consumidor*, n. 26. São Paulo: Revista dos Tribunais. abr./jun. 1998, p. 114.

por circunstâncias de fato — e dos direitos coletivos *stricto sensu* — transindividuais de natureza indivisível com titulares que são grupos de pessoas determinadas ou determináveis e ligadas por relação jurídica de base.

A ação civil coletiva, por sua vez, defende direitos individuais homogêneos, quais sejam, os decorrentes de origem comum cujos titulares são sujeitos determinados ou determináveis, e o objeto é divisível. Trata-se de direitos individuais passíveis de tutela coletiva por decorrerem de origem comum. Essa origem comum refere-se a coisas, interesses e direitos provenientes da mesma fonte, que tanto pode ser jurídica (há relação jurídica de qualquer espécie) como fática (como nos direitos difusos).

Em consonância com o afirmado anteriormente no presente estudo, há idôneos doutrinadores dedicados ao estudo dos interesses transindividuais, como Ada Pellegrini Grinover e Kazuo Watanabe, que entendem ser o mesmo fenômeno a ação civil pública e a ação civil coletiva. Importante destacar que nosso entendimento segue a mesma corrente desses doutrinadores por envolver a atuação do Ministério Público a proteção dos direitos coletivos *lato sensu*. Esclarecido esse ponto, esta pesquisa se volta ao estudo da ação civil pública por entender abarcar todos os direitos, conforme se depreende da sua utilização para defesa de direitos individuais homogêneos (como os relacionados ao direito do consumidor).

A competência para as ações fundadas em interesses difusos, coletivos e individuais homogêneos é do foro do local do dano, todavia essa regra é absoluta para os dois primeiros interesses e relativa para o terceiro, pois a Lei n. 7.347/85 (ação civil pública), no art. 2º, afirma expressamente tratar-se de competência funcional (absoluta), enquanto a Lei n. 8.078/90 (CDC), no art. 93, nada menciona, do que se depreende ser competência territorial (relativa e, por isso, modificável através da prorrogação, derrogação, conexão ou continência). Há exceções, quanto à regra de competência, na Lei n. 8.069/90 (ECA), em que o foro é o do local da ação ou omissão no caso do art. 209 e na Lei n. 7.347/85 em caso de dano de âmbito nacional ou regional (art. 93, II e 21).

A competência ser do foro do local do dano decorre da facilidade propiciada pelo local para a realização da instrução e das provas necessárias ao processo. A ação será preventiva, se o dano ainda não tiver ocorrido, e proposta no local mais provável de causar dano.

Cumpre examinar perante qual justiça correrá a demanda: Justiça Estadual ou Federal. Será aplicada a regra do art. 109 da Constituição Federal, segundo a qual serão da Justiça Federal as causas que envolverem a participação ou intervenção da União, autarquias, fundações públicas ou empresas públicas.

O âmbito do dano determina o local da propositura da ação civil pública em defesa dos direitos difusos e coletivos. Se o dano for local, a competência será do lugar em que ocorreu ou poderá ocorrer; se regional, será da capital do Estado e, se nacional, será do Distrito Federal ou de qualquer das capitais (onde for mais fácil a instrução do processo e a produção de provas).

O art. 16 da Lei n. 7.347/85 trata de limitação à competência nos seguintes termos:

A sentença civil fará coisa julgada *erga omnes*, nos limites da competência territorial do órgão prolator, exceto se o pedido for julgado improcedente por insuficiência de provas, hipótese em que qualquer legitimado poderá intentar outra ação com idêntico fundamento, valendo-se de nova prova.

O dispositivo *supra* demonstra, entendemos, que o legislador confundiu competência e coisa julgada ao tentar limitar os efeitos desta ao território do órgão prolator da sentença em ação civil pública. Em que pese a competência do juiz ser limitada ao território em que atua, a coisa julgada poderá estender seus efeitos para todos os titulares do interesse violado domiciliados ou não naquele território. Ademais, o entendimento de que há a restrição ao território fere a característica principal da tutela coletiva, que é proteger direitos difusos e coletivos titularizados por toda a coletividade.

Fixada a competência da ação civil pública, esta seguirá o procedimento comum, com a possibilidade de concessão de liminar, com ou sem justificação prévia. Verificada a necessidade de maior esclarecimento, o juiz designa audiência de justificação para a qual o réu é citado. O objetivo dessa audiência é a produção de provas necessárias, inclusive com testemunhas, pelo autor para a concessão da liminar. O réu, nessa ocasião, apenas formula reperguntas e requer a contradita das testemunhas suspeitas ou impedidas.

A Lei n. 7.347/85, art. 4º, estabelece a possibilidade de ação cautelar que poderá ser preparatória ou incidental, conforme proposta antes ou no curso da ação principal, respectivamente. O procedimento da ação cautelar é o previsto no CPC. A concessão da medida depende da existência do *fumus boni iuris* e do *periculum in mora*. Embora a ação cautelar seja autônoma, deve ser apensada à ação principal, e é comum o juiz julgá-las em conjunto na sentença por ele proferida. Se a ação principal estiver na fase recursal, a cautelar será proposta diretamente no tribunal. Ademais, no curso da cautelar, o juiz pode conceder liminar, se verificada urgência na tutela.

A petição inicial da ação civil pública conterá todos os requisitos expressos no art. 282 do Código de Processo Civil (CPC), observadas as peculiaridades inerentes a essa ação — indicar com clareza os fatos e fundamentos jurídicos e formular o pedido mediato e imediato consoante o direito objeto da ação. Há, também, a necessidade de informar o valor da causa que, por conta da natureza da ação civil pública, nem sempre será fácil. Desse modo, deverá corresponder ao benefício econômico pretendido (aproximadamente) ou ser estipulado pelo autor. Se a extensão do dano não é conhecida previamente, é inviável conhecer o benefício econômico correspondente à ação.

O juiz pode conceder mandado liminar em sede de ação civil pública, com ou sem justificação prévia (art. 12, Lei n. 7.347/85) conforme a urgência do caso *sub judice*. As tutelas cautelar (visa proteger e assegurar o direito) e antecipada (satisfaz o pedido em momento anterior) podem ser concedidas liminarmente, ou seja, no início da demanda, de plano, após a justificação ou a requerimento do autor, se preenchidos os requisitos necessários à concessão.

Há situações em que, concedida a liminar, o juiz convoca as partes para avaliarem a possibilidade de firmar um termo de ajustamento de conduta que possa extinguir a ação civil pública, entretanto é possível firmar o termo na fase de execução da sentença da ação civil pública, por não envolver transação sobre o direito material.

Há vedação à concessão de liminares nas ações civis públicas caso não seja possível obter a mesma providência contra atos do Poder Público, em mandado de segurança (art. 1º da Lei n. 8.437/92); caso a concessão esgote o objeto da ação, no todo ou em parte, ou defira compensação de créditos tributários ou previdenciários (art. 1º, § 4º e 5º, da Lei n. 8.437/92); se o objetivo da liminar for obter pagamento de vencimentos e vantagens pecuniárias (art. 1º, § 4º, Lei n. 5.021/66). Quanto à tutela antecipada, especificamente, não é concedida nas mesmas hipóteses em que a liminar cautelar não é, ou seja, nas situações já mencionadas.

Se houver a concessão ou a denegação de uma liminar em sede de ação civil pública, o recurso adequado para impugnar tal decisão é o agravo de instrumento, cujo processamento é fixado pelo art. 14 da Lei n. 7.347/85. O efeito suspensivo (em caso de concessão da liminar) poderá ser concedido ao agravo pelo juízo *a quo* ou *ad quem;* é vedada a interposição de mandado de segurança para obter esse efeito. Já a denegação da liminar permite pleitear ao relator do recurso o efeito ativo consistente na concessão da medida negada pelo juízo *a quo*.

Ademais, a possibilidade de suspensão da liminar nas ações movidas contra o Poder Público pelo presidente do tribunal é, também, medida apta a proporcionar a suspensão dos efeitos da liminar e das sentenças prolatadas em sede de ação cautelar, mas não a reforma ou cassação da decisão (condicionadas à interposição de agravo). O recurso cabível da decisão que nega ou concede a suspensão da liminar é o agravo interno interposto para o mesmo tribunal no prazo de cinco dias (art. 4º, § 3º, Lei n. 8.437/92).

O réu da ação civil pública é citado através dos meios previstos no Código de Processo Civil, com as restrições impostas pelo art. 222. O Código de Defesa do Consumidor (Lei n. 8.078/90) prevê regra específica a respeito da citação, que é a necessidade de publicar, em edital, no órgão oficial, a propositura da ação a fim de permitir aos interessados intervirem no processo como assistentes litisconsorciais. Trata-se de regra aplicável a todos os direitos metaindividuais, pois a coisa julgada *erga omnes* nas ações coletivas não beneficiará os autores das ações individuais que não as suspenderem no prazo de 30 dias da ciência do ajuizamento da ação coletiva, consoante determinação do art. 104, CDC.

Dentre os institutos do processo geral não aplicáveis à ação civil pública estão a denunciação à lide (art. 70, CPC) e a reconvenção por serem incompatíveis com o objetivo da lei especial da ação civil pública.

A sentença proferida no âmbito das ações civis públicas voltadas à defesa de interesses difusos e coletivos não conta com peculiaridades, segue a regra do Código de Processo Civil (Lei n. 5.869/73). O Código de Defesa do Consumidor, todavia, estabelece que procedente o pedido, em sede de ação civil pública sobre direito individual homogêneo, a condenação será genérica. Nesse ponto, identifica-se interessante diferença entre os direitos difusos e coletivos e os direitos individuais homogêneos, pois naqueles o produto da condenação reverte para um fundo gerido por Conselho Federal ou Conselhos Estaduais (conforme o art. 13 da Lei n. 7.347/85), e nestes a condenação em pecúnia é destinada aos lesados, que têm a atribuição de promover a liquidação de sua parte, motivo pelo qual a legitimação do Ministério Público para tutelar direitos individuais homogêneos é limitada às hipóteses previstas em lei.

A sentença na ação civil pública sobre interesse individual homogêneo deve contar com ampla divulgação para permitir aos lesados tomarem conhecimento da decisão e requererem a liquidação e habilitação de seu crédito. Após um ano da data da publicação em edital da sentença, se interessados em número suficiente não aparecerem para executar a indenização, os legitimados do art. 82 da Lei n. 8.078/90 (dentre eles o Ministério Público) executarão, e o valor obtido reverterá ao fundo — previsto para as indenizações voltadas à tutela dos direitos difusos e coletivos.

A coisa julgada (condição da sentença que se tornou imutável) na ação civil pública foi influenciada pelo sistema das *class actions* americanas que, segundo Antonio Carlos Oliveira Gidi:[168]

> A *class action* é uma forma extremamente efetiva de realização das políticas públicas, uma vez que permite ao Estado conhecer e resolver a totalidade da controvérsia coletiva em um único processo. Essa visão global e unitária da controvérsia permite ao Judiciário levar em consideração todas as consequências da sua decisão, na medida em

---

(168) GIDI, Antonio Carlos Oliveira. *A class action como instrumento de tutela coletiva dos direitos*. São Paulo: RT, 2007. p. 35.

que toma conhecimento de todos os diversos interesses existentes dentro do grupo e não somente os interesses egoísticos das partes em uma ação individual.

Em que pese a influência exercida no sistema da coisa julgada na ação civil pública brasileira, as *class actions* são diferentes, pois o princípio da representatividade adequada, em que se baseiam, permite a extensão dos efeitos da coisa julgada a todos os interessados, se identificada a representação adequada e o recebimento da *fair notice* do processo. Ademais, os interessados podem, em certos casos, exercer o *right of opt out,* em que se excluem dos efeitos da coisa julgada, independentemente do resultado do processo, opção não existente no sistema brasileiro.

A regra do processo comum para a coisa julgada é tornar a sentença imutável para as partes do processo, ou seja, *inter partes* (art. 472, CPC). Já no âmbito da ação civil pública, o efeito da coisa julgada dependerá do resultado da ação, resultado da lide, isto é, *secundum eventum litis.*

A Lei n. 7.347/85 admite a coisa julgada *erga omnes*[169] quando a sentença da ação civil pública, fundada em direitos difusos, julga o mérito da causa, excepciona, apenas, se a decisão julgar improcedente a ação por deficiência da prova, caso em que a ação poderá ser reproposta (princípio da renovabilidade[170]). O mesmo ocorrerá na ação civil pública baseada em direitos coletivos — com a diferença de a coisa julgada ser *ultra partes*, ou seja, produzirá efeitos além das partes envolvidas no processo, pois o ente legitimado é substituto processual dos integrantes da categoria tutelada. Na seara das ações civis públicas sobre direitos individuais homogêneos, procedente a ação, todos os lesados são beneficiados, entretanto, se a ação for improcedente, não poderá ser reproposta, e os lesados individuais só terão prejuízo com a coisa julgada, se participaram da ação como assistentes litisconsorciais.

A relação existente entre a ação civil pública voltada à tutela de direitos individuais homogêneos e a ação individual proposta por um dos lesados pelo dano é de continência e não de litispendência. Destarte, se o autor desta não requerer a sua suspensão até 30 dias do conhecimento daquela, ele não será beneficiado pela sentença da ação civil pública.

A respeito das custas e honorários advocatícios, a Lei n. 7.347/85 é expressa em afirmar que adiantamentos não ocorrerão quanto a emolumentos, honorários periciais, custas e demais despesas, "nem condenação da associação autora,

---

(169) A coisa julgada *erga omnes* nas ações civis públicas, alicerçadas em direitos difusos e individuais homogêneos, decorre da situação de fato que os membros do grupo têm em comum, pois esta atinge um número indeterminado de pessoas.

(170) CARVALHO FILHO, José dos Santos. *Ação civil pública* — comentários por artigo. 7. ed. São Paulo: Lumen Juris, 2009. p. 438.

salvo comprovada má-fé, em honorários de advogado, custas e despesas processuais" (art. 18). A isenção é destinada ao autor da ação civil pública apenas; o réu deve antecipar as despesas. Quanto à sucumbência, a regra aplicada é a do processo comum.

6.3. RECURSOS NA AÇÃO CIVIL PÚBLICA

O sistema recursal aplicado à ação civil pública (Lei n. 7.347/85) é o previsto no Código de Processo Civil (CPC), por conta da omissão da lei a respeito de diretrizes específicas e a previsão expressa no art. 19.[171]

Ainda a respeito dos dispositivos que influenciam a ação civil pública prevista na Lei n. 7.347/85 temos o art. 555, CPC, alterado pela Lei n. 10.352/2001, em especial seu § 1º, segundo o qual:

> Ocorrendo relevante questão de direito, que faça conveniente prevenir ou compor divergência entre câmaras ou turmas do tribunal, poderá o relator propor seja o recurso julgado pelo órgão colegiado que o regimento indicar; reconhecendo o interesse público na assunção de competência, esse órgão colegiado julgará o recurso.

Nota-se que a relevante questão de direito a que se refere o dispositivo supra consiste naquela cuja decisão pode alcançar a coletividade (e não só as partes) como ocorre com os direitos transindividuais.

No que tange ao *interesse público* presente na redação do artigo supraelencado, Cândido Rangel Dinamarco[172] entende ocorrer:

> a) quando pender no tribunal ou nos órgãos inferiores subordinados a ele uma quantidade significativa de causas envolvendo a mesma tese jurídica, como aquelas de interesses de funcionários públicos ou de contribuintes; b) quando a causa envolver direitos ou interesses transindividuais de particular relevância ou de pertinência a grupos bastante numerosos, ainda mais quando se tratar de ação coletiva ou civil pública com esse conteúdo; c) quando estiver em causa um direito ou um preceito fundamental, especialmente se para o julgamento da causa for necessário o pronunciamento do tribunal sobre um texto constitucional, seu significado, sua dimensão; d) quando for previsível a repercussão macroeconômica do acatamento de uma tese jurídica em discussão na causa; e) quando se tratar de tema processual bastante repetitivo, como a admissibilidade de agravos internos ou regimentais em certos casos polêmicos etc.

---

(171) Art. 19, Lei n. 7.347/85: "Aplica-se à ação civil pública, prevista nesta Lei, o Código de Processo Civil, aprovado pela Lei n. 5.869, de 11 de janeiro de 1973, naquilo em que não contrarie suas disposições.".

(172) DINAMARCO, Cândido Rangel. *A reforma da reforma*. 4. ed. São Paulo: Malheiros, 2003. p. 136.

Na ação civil pública inexiste proibição à renúncia (desinteresse do interessado em recorrer) ou à desistência do recurso (já interposto). Inclusive o Ministério Público pode renunciar ou desistir do recurso, caso considere inadequada a sua interposição ou inexistentes as razões que o fundamentariam. Ressalte-se que tal postura envolve a análise cuidadosa pela instituição do caso *sub judice*.

O grande diferencial existente na seara da ação civil pública, quanto aos recursos, é a não ocorrência do efeito suspensivo para impedir que o direito seja prejudicado pela demora. É, todavia, facultado ao juiz aplicar ambos os efeitos devolutivo e suspensivo ao recurso interposto, caso vislumbre risco de dano irreparável à parte. Nesse sentido, é o disposto no art. 14 da Lei n. 7.347/85: "O juiz poderá conferir efeito suspensivo aos recursos, para evitar dano irreparável à parte."

Depreende-se do referido dispositivo legal que as decisões do juiz proferidas em sede de ação civil pública são corretas e acertadas, passíveis de execução definitiva, por tutelarem direitos difusos e coletivos, que requerem tratamento diferenciado na busca por efetividade. Essa afirmação, entretanto, possui presunção relativa, pois a decisão do juiz comporta recurso com efeito suspensivo, se existente risco de dano irreparável.

A Lei da Ação Civil Pública prevê dois modos de impugnação, quais sejam, o agravo e a apelação.

O agravo é cabível das decisões interlocutórias; das decisões que concedem liminar na primeira instância e das decisões, em sede de tribunal, suspensivas da execução da liminar concedida. Nessa ocasião o réu poderá impugnar o excesso no valor da multa ou o descabimento desta; já o autor pode afirmar ter a multa valor diminuto que não alcança o efeito pretendido. Ressalte-se que a decisão liminar pode ser tanto concessiva quanto denegatória.

Diante do estabelecido no art. 12 da Lei n. 7.347/85 (LACP), a liminar pode ser concedida com ou sem justificação prévia (oitiva do réu). Assim, na hipótese em que é concedida *inaudita altera parte*, a possibilidade de o agravo ser admitido é maior por conta da falta do contraditório. Igualmente justificável é o agravo contra despacho do Presidente do Tribunal que suspende a execução da liminar, pois permite maior esclarecimento, no órgão colegiado, dos motivos que embasaram a decisão da Presidência, necessariamente previstos no art. 12, § 1º, LACP.

Surge a necessidade de harmonizar os princípios da continuidade dos atos do Poder Público e da proteção aos direitos subjetivos individuais ou coletivos, pois, conforme afirma José dos Santos Carvalho Filho[173], "nem se deve permitir que direitos continuem sendo atingidos por atos públicos", sem meio de defesa

---

(173) CARVALHO FILHO, José dos Santos. *Ação civil pública*. 2. ed. Rio de Janeiro: Lumen Juris, 1999. p. 313.

célere aos seus titulares que evite dano irreversível, "nem se deve admitir que, a todo momento, seja paralisada a atividade do Estado, criando sérios gravames à coletividade".

A suspensão da liminar é embasada nos mesmos valores sociais, tanto na ação civil pública quanto no mandado de segurança.

Em sede de ação civil pública, a suspensão da liminar ocorrerá por intermédio de requerimento da parte interessada — consoante art. 12, § 1º, Lei n. 7.347/85 — e disso se depreendem duas interessantes observações de Rodolfo de Camargo Mancuso:[174]

> a) pela letra da lei, o *modus* será através de um pedido, um requerimento, e não um agravo. Não cabe aí interpretar que *lex dixit minus quam voluit*, porque, se o quisesse, o legislador diria, simplesmente, 'agravo' e não 'requerimento'; depois, é da decisão da Presidência, suspendendo a liminar, que cabe o agravo 'para uma das turmas julgadoras' (art. 12, §1º, *in fine*); b) pela literalidade desse parágrafo ficariam excluídos da formulação desse requerimento os demais colegitimados (Ministério Público, associações, órgãos públicos desprovidos de personalidade jurídica), já que não caberia dar um tal elastério à expressão 'pessoa jurídica de direito público interessada'; era compreensível aquela restrição legal porque, em princípio, apenas os entes políticos (União, Estados, Municípios) é que poderiam ter os seus serviços e programas afetados pela concessão da liminar, e portanto só eles teriam interesse para pedir a suspensão. Mas, como antes dito, o art. 4º e § 1º da Lei n. 8.437/92 vieram estender o manejo do pedido de suspensão também ao Ministério Público.

A apelação é cabível da sentença, seja esta definitiva, seja terminativa. A respeito do conteúdo da sentença, se ação for julgada improcedente, a associação autora, bem como seus diretores, poderão responder solidariamente pelos honorários advocatícios e o décuplo das custas, além da responsabilidade por perdas e danos, se verificada litigância de má-fé. Essa determinação expressa no art. 17, LACP tem o escopo de coibir a litigância de má-fé, todavia de maneira exagerada, porque o rigor excessivo para com as associações desmotiva o ajuizamento de ações civis públicas por este ente legitimado e, em consequência, diminui a efetividade dos direitos difusos e coletivos cuja proteção deveria ser amplamente motivada. No mais, a apelação mantém as regras estabelecidas pelo CPC.

---

(174) MANCUSO, Rodolfo de Camargo. *Ação civil pública*: em defesa do meio ambiente, do patrimônio cultural e dos consumidores. 10. ed. São Paulo: Revista do Tribunais, 2007. p. 282.

Em virtude da omissão existente na Lei n. 7.347/85 (LACP) e no Código de Defesa do Consumidor quanto a um sistema recursal específico, aplica-se o sistema previsto no Código de Processo Civil, entretanto o art. 19 da LACP evidencia que os recursos possuem efeito meramente devolutivo, em regra, facultado ao juiz conceder efeito suspensivo se a execução provisória for capaz de resultar em dano irreparável à parte. Trata-se de dispositivo voltado à maior efetividade da tutela jurisdicional coletiva pleiteada em juízo.

6.3.1. Reexame Necessário

O reexame necessário é o duplo grau de jurisdição a que algumas sentenças devem submeter-se, obrigatoriamente, para produzirem efeitos. É previsto no art. 475 do Código de Processo Civil (CPC) conforme segue:

> Art. 475. Está sujeita ao duplo grau de jurisdição, não produzindo efeito senão depois de confirmada pelo tribunal, a sentença: I — proferida contra a União, o Estado, o Distrito Federal, o Município, e as respectivas autarquias e fundações de direito público; II — que julgar procedentes, no todo ou em parte, os embargos à execução de dívida ativa da Fazenda Pública (art. 585, VI). § 1º Nos casos previstos neste artigo, o juiz ordenará a remessa dos autos ao tribunal, haja ou não apelação; não o fazendo, deverá o presidente do tribunal avocá-los. § 2º Não se aplica o disposto neste artigo sempre que a condenação, ou o direito controvertido, for de valor certo não excedente a 60 (sessenta) salários mínimos, bem como no caso de procedência dos embargos do devedor na execução de dívida ativa do mesmo valor. § 3º Também não se aplica o disposto neste artigo quando a sentença estiver fundada em jurisprudência do plenário do Supremo Tribunal Federal ou em súmula deste Tribunal ou do tribunal superior competente.

Originariamente, o reexame necessário surgiu para produzir efeitos penais e não civis,[175] pois tinha o objetivo de evitar o cumprimento da pena de morte de imediato ao réu ao proporcionar um reexame pelo rei a respeito da execução ou não da condenação.

A natureza jurídica do reexame necessário conta com duas correntes diversas. Uma delas afirma ser o instituto um recurso cuja "vontade de recorrer é do Estado"[176]. Contrariamente, a outra corrente, majoritária, afirma tratar-se de condição de eficácia da sentença, pois esta não produz efeito antes de confirmada pelo tribunal.

Compartilhamos do entendimento da segunda corrente por não constar o reexame necessário no rol de recursos do CPC (art. 496), excluir a vontade da

---

(175) BUZAID, Alfredo. *Estudos e pareceres de direito processual civil*. São Paulo: Revista do Tribunais, 2002. p. 51.
(176) RIBEIRO, Lauro Luiz Gomes. O art. 475, II, do CPC e a tutela jurisdicional coletiva da criança, do adolescente e da pessoa portadora de deficiência. *In*: NERY JÚNIOR, Nelson; WAMBIER, Teresa Arruda Alvim Wambier. *Aspectos polêmicos e atuais dos recursos cíveis e de outras formas de impugnação às decisões judiciais*. São Paulo: Revista do Tribunais, 2001. p. 641.

parte, não exigir preparo nem tempestividade (próprios dos recursos), serem remetidos os autos pelo juiz que não integra o processo e não tem interesse nele (imparcialidade) e inexistir a possibilidade de a outra parte se manifestar a respeito das alegações (dialeticidade inerente aos recursos).

Os efeitos civis atualmente identificados no reexame necessário, conforme expresso pelo próprio CPC, demonstram ser o instituto voltado à proteção das Fazendas Públicas por conta da necessidade de reexame das sentenças a elas desfavoráveis, bem como da proibição da *reformatio in pejus*, ou seja, é vedado ao Tribunal prejudicar a situação da Fazenda Pública (Federal, Estadual e Municipal; Autarquia e Fundação Pública) de acordo com a Súmula 45 do STJ. Trata-se de desconfiança na atuação dos agentes estatais (juízes, por exemplo), que ficam obrigados a remeter os autos ao Tribunal ou, não o fazendo, a submeter-se à avocação deles pelo Tribunal.

Em que pese a aplicação do reexame necessário às hipóteses previstas no art. 475, CPC, ele não é aplicado, na praxe forense, em algumas ações como as de acidente do trabalho; decisões interlocutórias, dentre outras hipóteses.

Em sede de ação civil pública, quando a Fazenda Pública é demandada, a aplicação do reexame necessário deve ser analisada com cuidado, pois os interesses difusos e coletivos são mais relevantes e abrangentes que o aspecto pecuniário da Fazenda.

Não há que se falar em incidência do reexame necessário nas ações civis públicas (considerados os interesses por elas defendidos como mais importantes), pois norma processual baseada no interesse público da Fazenda não pode superpor o bem jurídico objeto da ação civil pública — de uso comum do povo e interesse da coletividade — por ser esta sentença apta a garantir o exercício dos direitos fundamentais constitucionais dos cidadãos. A Fazenda Pública já conta com a possibilidade de pedir a suspensão da execução de sentença, na seara da ação civil pública, conforme art. 4º, § 1º da Lei n. 8.437/92. Assim não há necessidade de exceder a proteção já assegurada.

Identifica-se a existência de uma antinomia jurídica — conflito entre duas normas válidas e aplicáveis ao mesmo caso — aparente — conflito com solução encontrada em outros princípios e regras do ordenamento — em que deve predominar a proteção aos direitos difusos e coletivos em detrimento da Fazenda Pública. Por serem direitos previstos constitucionalmente e possuírem *valor justum*[177], é mais justo protegê-los que a Fazenda Pública.

A não incidência do art. 475 do Código de Processo Civil (CPC) nas ações civis públicas que envolvem a criança, o adolescente e a pessoa deficiente é

---

(177) DINIZ, Maria Helena. *Compêndio de introdução* — à ciência do direito. 22. ed. São Paulo: Saraiva, 2011. p. 531.

fundada, especialmente, em dois princípios: especialidade e hierarquia.[178] Segundo o princípio da especialidade, é necessária a compatibilidade do disposto no CPC com os princípios e normas do processo coletivo para a sua aplicação na ação civil pública. Já o princípio da hierarquia afirma ser constitucionalmente prevista a proteção ao indivíduo e, consequentemente, superior aos interesses da Fazenda Pública. Destarte, a proteção à pessoa, pela ação civil pública, é mais relevante e interessa mais à coletividade do que a proteção ao aspecto pecuniário da Fazenda Pública.

As ações civis públicas que defendem, em especial, os direitos da criança, adolescente e pessoa deficiente não contam com a aplicação do reexame necessário se a decisão for desfavorável à Fazenda Pública e esta for a demandada, todavia há reexame necessário em caso de carência ou de improcedência da Ação Civil Pública e, nesse caso, independe se o autor da demanda é a Fazenda Pública ou outro legitimado, consoante a regra do art. 4º, § 1º da Lei n. 7.853/89 (referente às pessoas com deficiência) que afirma: "A sentença que concluir pela carência ou pela improcedência da ação fica sujeita ao duplo grau de jurisdição, não produzindo efeito senão depois de confirmada pelo tribunal." Diante dessa possibilidade de reexame necessário, é mister esclarecer que o tribunal poderá julgar o mérito da questão *sub judice* em caso de carência da ação, através do comando do art. 515, §3º, CPC (causa madura), entretanto essa hipótese requer cuidado por parte do tribunal, caso entenda improcedente a demanda por ter a coisa julgada eficácia *erga omnes*.

A hipótese especial de existência de reexame necessário, caso haja carência ou improcedência da ação civil pública, e a Fazenda Pública seja a demandada, conta com interessante lição de Sérgio Shimura:[179]

> Figurando na ação civil pública como demandada a Fazenda Pública, o sistema das ações coletivas permite e determina que se deve conferir maior relevância aos interesses difusos e coletivos do que àqueles ligados diretamente à Fazenda Pública. Daí não se aplicar o art. 475 do CPC, mas sim invocar-se por analogia o regime da Lei n. 7.853/1989 (art. 4º, § 4º), pelo qual somente há reexame necessário em caso de carência ou de improcedência, independentemente de a pessoa jurídica de direito público migrar para o polo ativo da demanda.

---

(178) RIBEIRO, Lauro Luiz Gomes. O art. 475, II, do CPC e a tutela jurisdicional coletiva da criança, do adolescente e da pessoa portadora de deficiência. *In*: NERY JÚNIOR, Nelson; WAMBIER, Teresa Arruda Alvim Wambier. *Aspectos polêmicos e atuais dos recursos cíveis e de outras formas de impugnação às decisões judiciais*. São Paulo: Revista do Tribunais, 2001. p. 634-642.

(179) SHIMURA, Sergio. Reanálise do duplo grau de jurisdição obrigatório diante das garantias constitucionais. *In*: WAMBIER, Teresa Arruda Alvim; NERY JÚNIOR, Nelson; FUX, Luiz (coordenadores). *Processo e Constituição*: estudos em homenagem ao Professor José Carlos Barbosa Moreira. São Paulo: Revista dos Tribunais, 2006. p. 608.

De fato, se a aplicação do reexame necessário na hipótese tratada favorece a tutela dos direitos difusos e coletivos, nada mais justo do que aplicar a analogia para todas as tutelas a respeito desses mesmos direitos.

Cumpre ressaltar a similaridade existente entre o reexame necessário em sede de mandado de segurança e em ação civil pública. Se o mandado de segurança for individual, ensejará reexame necessário obrigatório a decisão procedente. Já o mandado de segurança coletivo só enseja reexame necessário em caso de carência ou improcedência, pois, como ocorre na ação civil pública, considera--se a primazia da proteção aos direitos difusos e coletivos.

Apesar de concordarmos com a inaplicabilidade do reexame necessário para a proteção da Fazenda Pública quando ré em Ação Civil Pública, consideramos a hipótese de o juiz, no caso *sub judice*, entender de modo diverso e aplicar o reexame necessário em benefício da Fazenda e ser a decisão passível de agravo. Nesse ponto, afirma Sérgio Shimura[180] que:

> Cremos que seria plenamente possível a interposição de agravo de instrumento visando obter o efeito meramente devolutivo ao reexame necessário, com fulcro nos argumentos expendidos.

As considerações do autor a respeito do recurso aplicável estão plenamente adequadas ao papel desenvolvido pelo agravo de instrumento, pois é cabível, também, das decisões, em sede de tribunal, suspensivas da execução da liminar concedida.

O Estatuto da Criança e do Adolescente (Lei n. 8.069/90) prima pela proteção integral da criança e do adolescente por conta da condição peculiar de pessoa em desenvolvimento que possui. Assim, os direitos a eles inerentes são considerados indisponíveis e, consequentemente, a aplicação do reexame necessário nos termos do art. 475, do CPC, apenas traria danos irreparáveis aos titulares do direito.

A ação civil pública voltada à defesa dos interesses das pessoas com deficiência segue o procedimento previsto na Lei n. 7.347/85, todavia conta com interessante particularidade quanto ao reexame necessário. Antes de adentrarmos a peculiaridade referente ao reexame necessário, faz-se mister verificar o conceito de pessoa com deficiência a que a lei (Decreto Presidencial n. 6. 949/09, art. 1º) se refere. Desse modo, "são pessoas com deficiência aquelas que têm impedimentos de longo prazo de natureza física, mental, intelectual ou sensorial, os quais, em interação com diversas barreiras, podem obstruir sua participação plena e efetiva na sociedade em igualdades de condições com as demais pessoas".

---

(180) SHIMURA, Sérgio. *Tutela coletiva e sua efetividade*. São Paulo: Método, 2006. p. 86.

O conceito de pessoa com deficiência acima exposto conta com consideração esclarecedora de Lauro Luiz Gomes Ribeiro:[181]

> Nota-se no conceito uma inter-relação entre a pessoa com deficiência, as barreiras atitudinais (preconceito) e o ambiente, que impedem a plena e efetiva participação da pessoa na sociedade em igualdade de condições. Tal definição, apesar de sua vagueza e abertura, serve, juntamente com os demais valores consagrados na Constituição (igualdade, fraternidade, pluralismo, promoção do bem de todos), de vetor a ser aplicado pelo intérprete e o legislador ordinário na tarefa de concretização do conceito para facilitar a aplicação ao caso específico, real.

Concordamos com o entendimento do autor citado, pois o conceito proporciona uma diretriz para o ajuste da definição ao caso concreto.

O reexame necessário, na ação civil pública fundada em direito da pessoa com deficiência, conta com a determinação do art. 4º, § 1º da Lei n. 7.853/89, consistente na sentença que concluir pela carência ou pela improcedência de a ação ficar sujeita ao duplo grau de jurisdição, não produzindo efeito senão depois de confirmada pelo tribunal.

Muito acertada, a nosso ver, é a determinação do reexame necessário em sede de ação civil pública, cujo objeto seja a proteção aos direitos das pessoas com deficiência, nas sentenças que determinarem a carência ou improcedência da ação, porque estabelece a necessidade de revisão pelo tribunal da decisão desfavorável aos direitos difusos e coletivos, ou seja, determina, como regra, a procedência da tutela a esses direitos.

Interessante ressaltar o entendimento de Lauro Luiz Gomes Ribeiro:[182]

> (...) Entendemos que a não incidência da regra do art. 475, II, do CPC às hipóteses de ações coletivas em defesa das crianças, adolescentes e pessoas portadoras de deficiência coloca a questão da efetivação e adequação da tutela jurídica destas pessoas em seus devidos eixos, sem ferir o resguardo dos interesses da Fazenda Pública, afinal tutela adequada e efetiva deve ser entendida como aquela que o jurisdicionado necessita e no momento em que precisa.

Concordamos com o entendimento do referido autor, por primar pela justiça proporcionada pela efetividade da sentença através da não aplicabilidade

---

(181) RIBEIRO, Lauro Luiz Gomes. *Manual dos direitos da pessoa com deficiência*. São Paulo: Verbatim, 2010. p. 26.
(182) *Id.* O art. 475, II, do CPC e a tutela jurisdicional coletiva da criança, do adolescente e da pessoa portadora de deficiência. In: NERY JÚNIOR, Nelson; WAMBIER, Teresa Arruda Alvim Wambier. *Aspectos polêmicos e atuais dos recursos cíveis e de outras formas de impugnação às decisões judiciais*. São Paulo: Revista do Tribunais, 2001. p. 641.

do reexame necessário à tutela dos direitos da criança, do adolescente e da pessoa com deficiência. Evidenciamos, igualmente, o acerto da norma (Lei n. 7.853/89, art. 4º, § 1º), ao prever exceção a essa regra consistente na obrigatoriedade de reexame necessário quando, em ação civil pública fundada em direito da pessoa com deficiência, a sentença for de carência ou improcedência da ação.

6.4. FASE DE EXECUÇÃO

Ocorrido o trânsito em julgado da sentença, tanto o autor quanto os legitimados concorrentes poderão promover a liquidação e a execução dela. Após sessenta dias do trânsito em julgado da sentença condenatória sem a execução ser promovida pela associação autora, o Ministério Público ou os demais legitimados poderão executar a sentença. Inclusive, o princípio da obrigatoriedade em sentido amplo reza que, inerte o autor, deverá o Ministério Público executar a sentença condenatória.

A tutela coletiva tem como especial característica primar pela obtenção do resultado prático pretendido pelo autor da demanda, ou seja, proporcionar o resultado que teria sido obtido se o réu tivesse cumprido sua obrigação de início. Há situações, entretanto, em que não é possível alcançar o resultado prático pretendido, e surge a necessidade de substituí-lo pelo seu equivalente em pecúnia como modo de minimizar o prejuízo sofrido pelo lesado. Efetivamente, a substituição da tutela específica pelo pagamento de valor correspondente sempre proporciona uma execução, nem sempre a pretendida, mas evita majorar o prejuízo sofrido pelo autor da demanda. Essa substituição está relacionada à chamada execução genérica que, em sede de ação civil pública, é a segunda opção, pois a primeira segue sendo a obtenção do resultado prático pretendido.

A liquidação da sentença da ação civil pública pode ser requerida individualmente ou coletivamente. Será individual sempre que promovida pelas vítimas ou sucessores destas e será coletiva se promovida pelos legitimados concorrentes[183] no juízo da ação condenatória.

Há diferença na condenação em dinheiro fixada em sede de ação civil pública voltada à tutela de interesses difusos e coletivos e naquela destinada à tutela de interesses individuais homogêneos, pois naquela a condenação será, normalmente,

---

(183) São legitimados concorrentes, como prevê o art. 82 do Código de Defesa do Consumidor: I — o Ministério Público, II — a União, os Estados, os Municípios e o Distrito Federal; III — as entidades e órgãos da Administração Pública, direta ou indireta, ainda que sem personalidade jurídica, especificamente destinados à defesa dos interesses e direitos protegidos por este código; IV — as associações legalmente constituídas há pelo menos um ano e que incluam entre seus fins institucionais a defesa dos interesses e direitos protegidos por este código, dispensada a autorização assemblear.

em valor específico (destinado ao fundo), e nesta será em valor genérico passível de comprovação pelo lesado do dano sofrido para a determinação de valor específico. Essa diferença estabelece a necessidade ou não da realização da liquidação.

A liquidação da sentença tem o objetivo de fixar o valor da condenação em um montante específico e, quando necessária, ocorre na forma geral prevista no Código de Processo Civil que é por arbitramento ou por artigos. Não há liquidação se o valor pode ser obtido através de cálculos aritméticos.

Não há fase de habilitação na ação civil pública fundada em interesse difuso e coletivo, porque o valor estabelecido na condenação é destinado ao fundo de reconstituição de bens lesados. Assim, inexiste individualização de ressarcimento, e o credor é a coletividade. Consequentemente, verifica-se a impossibilidade de liquidação, salvo casos em que a condenação não fixa valor específico, e execução individual.

O valor fixado a título de condenação é destinado ao fundo de reconstituição de bens lesados quando o réu é condenado na ação civil pública destinada à defesa de interesses difusos e coletivos ou quando há condenação do réu em ação civil pública fundamentada em direito individual homogêneo e, após o prazo de um ano, não ocorrer a habilitação de número suficiente de interessados para executar a demanda. Nesta última hipótese, cada lesado executará o seu dano sofrido e se não houver um número de lesados compatível com a seriedade do dano ocorrido executando a sentença, esta será executada por outro legitimado como, por exemplo, o Ministério Público.

O fundo de que trata o art. 13 da Lei n. 7.347/85 foi regulamentado pela Lei n. 9.008/95 e adquiriu a nomenclatura de Fundo de Defesa dos Direitos Difusos, destinado a reparar os bens lesados. Há interessante disposição, na lei regulamentadora, de destinação do dinheiro a uma finalidade compatível com a pretendida pela lei, se impossível reparar, especificamente, o bem lesado semelhante ao *fluid recovery* do direito americano. A reparação fluida consiste na possibilidade de o valor arrecadado para o fundo ser destinado a fins conexos ao dano ocorrido e, nesse sentido, o art. 3º da Lei n. 9.008/95 estabelece a destinação dos valores à, dentre outros, "promoção de eventos educativos, científicos e na edição de material informativo especificamente relacionados com a natureza da infração ou do dano causado".

O fundo de reconstituição de bens lesados é adequado à efetivação dos direitos difusos e coletivos na exata medida que acumula valores destinados a reparar os danos causados pelos réus condenados nas ações civis públicas. Na seara dos direitos difusos e coletivos, não há que se falar em divisão de valores entre os lesados, pois são direitos indivisíveis. A hipótese de indenização destinada ao fundo resultante de condenação baseada em direito individual homogêneo decorre da necessidade de a sentença ser executada para propiciar a efetividade do direito tutelado. Assim, os legitimados do art. 82 do CDC realizam a execução coletiva em favor do fundo.

O Ministério Público (MP), na atividade executória, poderá ocupar duas posições diversas. Primeiramente, se foi o autor da ação civil pública, possuirá legitimação exclusiva, incondicionada (sem óbice à execução pelo MP), originária (de instauração da atividade executória), natural (por ser o autor da demanda) e imediata (execução possível logo após o trânsito em julgado da sentença). Também poderá o MP se tornar legitimado para a execução em momento posterior, ocasião em que sua legitimação será concorrente (há outros legitimados), mediata (a legitimação não surge no momento do trânsito em julgado, mas em momento posterior), condicionada (ao decurso do prazo de 60 dias sem a parte autora iniciar a execução), especial (pois não foi o autor da demanda) e originária (dá início à execução).

6.5. EXECUÇÃO ESPECÍFICA

A execução da sentença tem o escopo de conferir resultado prático ao credor igual àquele que obteria se o réu tivesse cumprido a obrigação espontaneamente. A intenção real do credor é obter o bem jurídico pleiteado e não um substitutivo para este.

A execução específica é, justamente, a execução que garante ao credor o resultado prático pretendido.

Há ocasiões em que o credor é satisfeito através da entrega do equivalente pecuniário — pois o bem jurídico pereceu, por exemplo — ou da opção pelo recebimento do valor correspondente à prestação devida pelo devedor. Essa é a razão pela qual a execução por quantia certa é considerada genérica.

A execução específica pode ser aplicada tanto à tutela de interesses individuais quanto à de interesses metaindividuais, mas somente quanto às obrigações de fazer e de dar.

A defesa de interesses individuais homogêneos não relacionada à obrigação de fazer e de dar, que só podem ser prestadas pelo obrigado, quando em sede de ação civil pública, não comporta a execução específica.

A ação civil pública tutela direitos coletivos (*lato sensu*) e, naturalmente, apenas "o cumprimento da obrigação de fazer ou não fazer pelo agente violador produzirá o resultado prático pretendido pelo autor".[184] Inclusive, o art. 11,

---

(184) CARVALHO FILHO, José dos Santos. *Ação civil pública* — comentários por artigo. 7. ed. São Paulo: Lumen Juris, 2009. p. 347.

da Lei n. 7.347/85 (através da afirmação sob pena de execução específica) é claro ao destacar a permissão ao juiz de empregar todos os meios de coerção necessários para lograr o resultado prático da sentença, qual seja, a tutela do direito difuso ou coletivo *sub judice*.

A Lei n. 7.347/85 (ação civil pública) conta com a utilização esclarecedora de dispositivos constantes da Lei n. 8.078/90 (CDC), como o art. 84, a respeito da execução específica, conforme segue:

Art. 84. Na ação que tenha por objeto o cumprimento da obrigação de fazer ou não fazer, o juiz concederá a tutela específica da obrigação ou determinará providências que assegurem o resultado prático equivalente ao do adimplemento. § 1º A conversão da obrigação em perdas e danos somente será admissível se por elas optar o autor ou se impossível a tutela específica ou a obtenção do resultado prático correspondente. § 2º A indenização por perdas e danos se fará sem prejuízo da multa (art. 287, do Código de Processo Civil). § 3º Sendo relevante o fundamento da demanda e havendo justificado receio de ineficácia do provimento final, é lícito ao juiz conceder a tutela liminarmente ou após justificação prévia, citado o réu. § 4º O juiz poderá, na hipótese do § 3º ou na sentença, impor multa diária ao réu, independentemente de pedido do autor, se for suficiente ou compatível com a obrigação, fixando prazo razoável para o cumprimento do preceito. § 5º Para a tutela específica ou para a obtenção do resultado prático equivalente, poderá o juiz determinar as medidas necessárias, tais como busca e apreensão, remoção de coisas e pessoas, desfazimento de obra, impedimento de atividade nociva, além de requisição de força policial.

A execução específica é verificada nas hipóteses em que a conversão em perdas e danos já não é mais aplicável à ação coletiva para a tutela de direitos difusos, coletivos e individuais homogêneos, salvo em caso de opção realizada pelo autor da ação civil pública ou impossibilidade de tutela específica ou a obtenção do resultado prático correspondente[185].

O princípio da maior coincidência possível entre o direito e a realização deste é observado na aplicação da execução específica e, por isso, esta só considera a substituição da tutela específica por perdas e danos em casos excepcionais.

Dentre os muitos mecanismos em Direito Previstos para concretizar a execução específica, José dos Santos Carvalho Filho[186] ressalta os seguintes:

Para alcançar a tutela específica ou obter o resultado prático equivalente, pode o juiz socorrer-se de diversos instrumentos de coerção, como a imposição de multa por atraso no cumprimento da obrigação, a busca e apreensão, a remoção de bens e pessoas, o desfazimento de obras e o impedimento de atividade nociva. Se necessário, poderá, inclusive, requisitar força policial.

---

(185) NERY JUNIOR, Nelson. *Constituição Federal comentada e legislação constitucional*. 2. ed. São Paulo: Revista do Tribunais, 2009. p. 848-849.
(186) CARVALHO FILHO, José dos Santos. *Ação civil pública* — comentários por artigo. 7. ed. São Paulo: Lumen Juris, 2009. p. 348.

Todo esse quadro normativo, por via de consequência, será aplicável na ação civil pública quando o autor postular a condenação do réu ao cumprimento de obrigação de fazer e não fazer.

É permitido ao juiz escolher o mecanismo coercitivo que julgar mais adequado ao caso *sub judice*. Quanto à aplicação da multa, esta deverá ser suficiente ou compatível — restrição legal para evitar a imposição de valor excessivo. A parte não precisa requerer a aplicação de multa, possibilidade conferida ao juiz na atuação mais ativa (típica da tutela coletiva).

CONCLUSÃO

A presente pesquisa acadêmica abordou interessantes mecanismos voltados à efetivação dos direitos difusos e coletivos, em especial a ação civil pública, por ser esta a ação que representa a atuação do Ministério Público na defesa dos interesses difusos e coletivos. Analisamos os relatórios de atuação do Ministério Público, o que nos permitiu concluir muitas informações relevantes para a identificação de uma tendência diferenciada no ramo de solução de conflitos.

A título de conclusão, traçamos abaixo as principais conclusões, de maneira articulada, extraídas da pesquisa.

1. A ação civil pública serve à defesa do consumidor ou de qualquer interesse difuso relacionado ao meio ambiente, bens de valor artístico, estético, histórico, turístico e paisagístico, a qualquer outro interesse difuso ou coletivo e das infrações contra a ordem econômica.

2. O Anteprojeto de Código Brasileiro de Processos Coletivos traz muitos mecanismos destinados à efetividade da tutela de direitos difusos e coletivos, consistente no alcance do resultado prático almejado pelo autor da demanda.

3. Na escolha da medida mais adequada para a efetividade da tutela coletiva, em regra exteriorizada em uma obrigação de fazer ou não fazer, o princípio da proporcionalidade e seus corolários limitarão a discricionariedade judicial.

4. Dentre as previsões do Anteprojeto de Código Brasileiro de Processos Coletivos está a inversão do ônus da prova que muito colabora para a efetividade da tutela jurisdicional, pois permite ao juiz determinar a produção da prova pela parte mais habilitada a produzi-la.

5. O inquérito civil, dentre todos os instrumentos investigatórios do Ministério Público, é o de maior importância na atuação extrajudicial da instituição e tem, também, o condão de obter o ajustamento da conduta do investigado às previsões legais vigentes, se comprovada no referido procedimento administrativo a conduta irregular do investigado.

6. Os direitos difusos contam com a regra da impossibilidade de disposição, conforme se depreende do conceito de cada um deles, mas isso não afasta a possibilidade de negociação a respeito do modo como o ofensor da lei ajustará sua conduta a ela.

7. O termo de ajustamento de conduta não pode ser firmado por todos os legitimados para propor ação civil pública, por ser restrito aos órgãos públicos indicados no art. 5º, da Lei n. 7.347/85. As associações e as fundações são excluídas.

8. As vias extrajudiciais de solução de conflitos cederão lugar à ação judicial quando inviáveis, proibidas pelo ordenamento jurídico ou sem efeito no caso concreto. Nessa circunstância, as questões levadas ao Ministério Público serão encaminhadas ao Poder Judiciário.

9. A mesma ação, ação civil pública, pode ter por objeto a defesa dos interesses difusos (efeito *erga omnes*) ou coletivos (efeito *ultra partes*) conjugado com os interesses individuais homogêneos (efeito *ultra partes*) ao mesmo tempo. Basta apenas que o universo de lesados contenha pessoas indetermináveis e determináveis. Nesse caso, é imprescindível a separação dos dois objetos da ação para que não ocorra confusão de direitos (o interesse difuso tem objeto indivisível e o individual homogêneo objeto divisível). A cumulação objetiva de pretensões difusas ou coletivas com pretensões individuais homogêneas é possível em razão da conexão pela causa de pedir (mesmos fundamentos).

10. A ação civil pública conta com particularidades interessantes em seu processamento e, em especial, quanto à inadequada aplicação do reexame necessário, conforme a pesquisa realizada demonstrou.

11. O termo de ajustamento de conduta firmado em sede de inquérito civil ou de ação civil pública é instituto que tem o condão de solucionar conflitos coletivos de modo unitário e traz enorme efetividade à tutela pleiteada pelo Ministério Público junto ao Poder Judiciário, conforme constatado na presente pesquisa e nas análises de casos concretos que a fundamentam.

12. Dentre todos os legitimados para o ajuizamento da ação civil pública voltada à defesa de direitos difusos e coletivos, o Ministério Público é o mais atuante e, em caso de abandono ou desistência da ação por parte de outro colegitimado, deve assumir o polo ativo e seguir com o processo, salvo se inexistentes os requisitos ensejadores de ação civil pública.

13. O estudo dos relatórios de atuação do Ministério Público nos permitiu concluir pela existência de interessante tendência à solução de conflitos através de demandas coletivas, bem como a busca por uma solução extrajudicial (mais célere) com maior capacidade de tornar efetivos os direitos difusos e coletivos pleiteados na ação civil pública.

As propostas destinadas à efetivação dos direitos difusos e coletivos através da propositura da ação civil pública são as seguintes:

1. Manutenção, no Anteprojeto de Código Brasileiro de Processos Coletivos, do rol de legitimados para a propositura da ação civil pública, com o objetivo de combater a atomização de demandas.

2. Atuação efetiva do juiz na análise dos elementos e condições da ação.

3. Vedação à mera fundamentação como requisito suficiente para a propositura de ações baseadas em conceitos indeterminados por legitimados diversos.

4. Determinação do juiz para a prova processual ser produzida pela parte mais apta a produzi-la (aplicação da teoria dinâmica do ônus da prova).

5. Aplicação, pelo juiz, de medidas coercitivas (sub-rogação, multa, *astreintes*, coerção direta, sanção), conforme o caso concreto exija, para alcançar o resultado prático pretendido pela ação civil pública.

6. Vedação ao dispositivo (art. 12, § 2º, Lei n. 7.347/85) que determina a cobrança da multa apenas após o trânsito em julgado da demanda coletiva, por prejudicar o cumprimento espontâneo pelo réu da obrigação.

BIBLIOGRAFIA

ALMEIDA, Fernanda Leão de. *A garantia institucional do Ministério Público em função da proteção dos direitos humanos*. Tese (Doutorado em Direitos Humanos). São Paulo: Faculdade de Direito da Universidade de São Paulo, 2010.

ALMEIDA, Gregório Assagra de. *Direito processual coletivo brasileiro*. São Paulo: Saraiva, 2003.

_____. *Direito material coletivo*. São Paulo: Del Rey, 2008.

ALMEIDA, João Batista de. *Aspectos controvertidos da Ação Civil Pública* — doutrina e jurisprudência. São Paulo: Revista dos Tribunais, 2001.

_____. Ação Civil Pública e Ação Civil Coletiva: afinidades e distinções. *Revista de Direito do Consumidor*, n. 26. São Paulo: Revista dos Tribunais. abr./jun., 1998.

ARARUNA, Eduardo Varandas. A execução do termo de ajuste de conduta: pontos polêmicos. *Revista do Ministério Público do Trabalho*. São Paulo, v. 12, n. 23, p. 22 — 30, mar. 2002.

ARAÚJO FILHO, Luiz Paulo da Silva. *Ações coletivas*: a tutela jurisdicional dos direitos individuais homogêneos. Rio de Janeiro: Forense, 2000.

BARBOSA MOREIRA, José Carlos. *Temas de direito processual* — terceira série. São Paulo: Saraiva, 1984.

BASTOS, Celso Ribeiro. *Curso de direito constitucional*. 18. ed. São Paulo: Saraiva, 1997.

BERTOLIN, Patrícia Tuma Martins; CARVALHO, Suzete. A segregação ocupacional da mulher: será a igualdade jurídica suficiente para superá-la? *In*: BERTOLIN, Patrícia Tuma Martins; ANDREUCCI, Ana Claudia Pompeu Torezan (org.). *Mulher, sociedade e direitos humanos*. São Paulo: Rideel, 2010.

BEZERRA LEITE, Carlos Henrique. *Ministério Público do Trabalho*. 4. ed. São Paulo: LTr, 2010.

BRASIL. II Pacto Republicano de Estado por um Sistema de Justiça mais Acessível, Ágil e Efetivo. Diário Oficial da União, Brasília, DF, 13 abr. 2009. Disponível em: <http://www.planalto.gov.br/ccivil_03/Outros/IIpacto.htm>. Acesso em: 25 out. 2011.

_____. Supremo Tribunal Federal. Acórdão Referente ao HC 67759/RF. Disponível em: <http://redir.stf.jus.br/paginadorpub/ paginador.jsp?docTP=AC&docID=70460>. Acesso em: 14 dez. 2011.

_____. Ministério Público Federal. Disponível em: <http://www.prsp.mpf.gov.br/prdc/prdc/informacoes/o-que-e-a-procura doria-regional-dos-direitos-do-cidadao/>. Acesso em: 13 dez. 2011.

_____. Relatório de Atividades do Ministério Público Federal de 2010. Disponível em: <http://pfdc.pgr.mpf.gov.br/institucional/relatorio_ atividades/relatorio-2010>. Acesso em: 09 dez 2011.

_____. Relatório Diagnóstico do Ministério Público do Estado de São Paulo 2002 — 2010. Disponível em: <http://www.mp.sp.gov.br/portal/page/portal/home/banco_imagens/flash/Relatorio>. Diagnostico2011/rdmp57.pdf. Acesso em: 13 dez. 2011.

_____. Súmulas do Conselho Superior do Ministério Público do Estado de São Paulo Disponível em: <http://www.faimi.edu.br/v8/ RevistaJuridica/Edicao4/CSMP-sumulas.pdf>. Acesso em: 13 dez. 2011.

BONAVIDES, Paulo. *Curso de direito constitucional*. 19. ed. São Paulo: Malheiros, 2006.

BORBA, Joselita Nepomuceno. *Efetividade da tutela coletiva*. São Paulo: LTr, 2008.

BUZAID, Alfredo. *Estudos e pareceres de direito processual civil*. São Paulo: Revista dos Tribunais, 2002.

CALDEIRA, Adriano César Braz. *Aspectos processuais das demandas coletivas*. São Paulo: Rideel, 2006.

CÂNDIA, Eduardo Franco. Legitimidade ativa na efetivação da tutela coletiva por meio da ação civil pública: enfoque a partir de uma análise sistemática. Disponível em: <http://bdtd.ibict.br/>. Acesso em: 19.05.2010.

CANDIDO, Joel José. *Direito eleitoral brasileiro*. 10. ed. São Paulo: Edipro, 2010.

CAPPELLETTI, Mauro; GARTH, Bryant. *Acesso à Justiça*. Tradução de Ellen Gracie Northfleet.

CARNEIRO, Paulo Cezar Pinheiro. *Acesso à Justiça*. Juizados Especiais Cíveis e Ação Civil Pública. Rio de Janeiro: Forense, 1999.

CARNELUTTI, Francesco. *Sistema de direito processual civil*. v. I. Tradução Hiltomar Martins Oliveira. São Paulo: Classic Book, 2000.

CARVALHO FILHO, José dos Santos. *Ação Civil Pública* — comentários por artigo. 7 ed. São Paulo: Lumen Juris, 2009.

CASAGRANDE, Cássio. Ministério Público, Ação Civil Pública e a Judicialização da Política — perspectivas para o seu estudo. *Boletim Científico* — Escola Superior do Ministério Público da União. Brasília: ESMPU, Ano I, n. 3, abr./jun., 2002.

CASTILHO, Ricardo. *Acesso à Justiça* — tutela coletiva de direitos pelo ministério público: uma nova visão. São Paulo: Atlas, 2006.

CÉSAR, João Batista Martins. *Tutela coletiva*: inquérito civil, poderes investigatórios do ministério público, enfoques trabalhistas. São Paulo: LTr, 2005.

CHAVES, Cristiano; ALVES, Leonardo Barreto Moreira; ROSENVALD, Nelson. *Temas atuais do Ministério Público* — a atuação do *parquet* nos 20 anos da Constituição Federal. 2 ed. Rio de Janeiro: Lumen Juris, 2010.

COMPARATO, Fábio Konder. A reforma da empresa. *In: Temas de direito processual*. 3ª série. São Paulo: Saraiva, 1984. p. 27.

_____. Novas funções judiciais no Estado Moderno. *In: RT 614/17*.

COSTA, Susana Henriques da (coord.). *Comentários à Lei de Ação Civil Pública e Lei de Ação Popular*. São Paulo: Quartier Latin, 2006.

CRETELLA JÚNIOR, José. *Curso de direito romano*. 20. ed. Rio de Janeiro: Forense, 1997.

DAHRENDORF, Ralf. *A lei e a ordem*. Trad. Tâmara D. Barile. Brasília: Instituto Tancredo Neves, 1987.

DEMERCIAN, Pedro Henrique. *Regime Jurídico do Ministério Público no Processo Penal*. 1. ed. São Paulo: Verbatin, 2009.

DESTEFENNI, Marcos. Estabilidade, *Congruência e flexibilidade na tutela coletiva*. Tese (Doutorado em Direito das Relações Sociais Direitos Difusos). São Paulo: Pontifícia Universidade Católica, 2008.

DINAMARCO, Cândido Rangel. *A reforma da reforma*. 4. ed. São Paulo: Malheiros, 2003.

DINAMARCO, Pedro da Silva. *Ação civil pública*. São Paulo: Saraiva, 2001.

DINIZ, Maria Helena. *Compêndio de introdução* — à ciência do direito. 22. ed. São Paulo: Saraiva, 2011.

DUARTE, Clarice Seixas . *Direito público subjetivo e políticas educacionais*. São Paulo em Perspectiva, São Paulo, v. 18, n. 2, p. 113-118, 2004.

FERRARESI, Eurico. *Ação popular, ação civil pública e mandado de segurança coletivo*. São Paulo: Forense, 2009.

GIDI, Antonio Carlos Oliveira. A class action *como instrumento de tutela coletiva dos direitos*. São Paulo: RT, 2007.

GRINOVER, Ada Pellegrini. *Código brasileiro de defesa do consumidor* — comentados pelos autores do anteprojeto. 9. ed. São Paulo: Forense Universitária, 2007.

_____. *Direito processual coletivo e o anteprojeto de código brasileiro de processos*. São Paulo: Revistas dos Tribunais, 2007.

_____. *Os processos coletivos nos países de* civil law *e* common law. São Paulo: Revista dos Tribunais, 2007.

_____. O projeto de lei brasileira sobre processos coletivos. *In:* MILARÉ, Édis (coord.). *A ação civil pública após 25 anos*. São Paulo: Revista dos Tribunais, 2010.

GOMES JR., Luiz Manoel. *Curso de direito processual civil coletivo*. 2. ed. São Paulo: Srs , 2008.

HOBBES, Thomas. *Do cidadão*. 3. ed. São Paulo: Martins, 2002.

JORGE, André Guilherme Lemos. *Inquérito civil*: contraditório e ampla defesa — sobre a efetividade dos princípios constitucionais. Curitiba: Juruá, 2008.

LEITE, Carlos Henrique Bezerra. *Ação civil pública na perspectiva dos direitos humanos*. São Paulo: LTr, 2008.

_____. *Ministério Público do Trabalho*: doutrina, jurisprudência e prática. 4. ed. São Paulo: LTr, 2010.

_____. Execução de Termo de Ajuste de Conduta Firmado Perante o Ministério Público do Trabalho nos Autos de Inquérito Civil Público ou Procedimento Investigatório. *Revista do Ministério Público do Trabalho*. São Paulo, v. 9, n. 17, p. 39-55, mar. 1999.

_____. *Ação Civil Pública*: nova jurisdição trabalhista metaindividual: legitimação do Ministério Público. São Paulo: LTr, 2001.

LENZA, Pedro. *Teoria geral da ação civil pública*. 3. ed. São Paulo: Revista dos Tribunais, 2008.

LEONEL, Ricardo de Barros. *Manual do processo coletivo*. São Paulo: Revista dos Tribunais, 2002.

LEYSER, Maria Fátima Vaquero Ramalho. Aspectos processuais da ação civil pública. Disponível em: <http://www.sapientia.pucsp.br//tde_busca/arquivo.php?codArquivo=5848>. Acesso em: 19.5.2010.

LIMA, Alcides Mendonça. *Comentários ao código de processo civil*. v. VI. Tomo II. Rio de Janeiro: Forense, 1994.

LISBOA, Roberto Senise. *Contratos difusos e coletivos*. São Paulo: Revista dos Tribunais, 1997.

LUCON, Paulo Henrique dos Santos (coord.). *Tutela coletiva*. São Paulo: Atlas, 2006.

MACEDO JUNIOR, Ronaldo Porto. *In: Ministério Público* — instituição e processo, evolução institucional do ministério público brasileiro. IEDC. Instituto de Estudos Direito e Cidadania. São Paulo: Atlas, 1999.

MACHADO, Antônio Cláudio da Costa. *A intervenção do ministério público no processo civil brasileiro*. 2. ed. São Paulo: Saraiva, 1998.

MACIEL, Débora Alves; KOERNER, Andrei. Sentidos da judicialização da política: duas análises. Disponível em: <http://search.scielo.org/?q=judicializacao&where=ORG>. Acesso em: 19.5.2010.

MANCUSO, Rodolfo de Camargo. *Ação Civil Pública*: em defesa do meio ambiente, do patrimônio cultural e dos consumidores. 10. ed. São Paulo: Revista dos Tribunais, 2007.

_____. *Interesses difusos*: conceito e legitimação para agir. 6. ed. São Paulo: Revista dos Tribunais, 2004.

MARINONI, Luiz Guilherme. *Tutela inibitória* (individual e coletiva). 4. ed. São Paulo: Revista dos Tribunais, 2006.

MARTINS FILHO, Ives Gandra da Silva; GALLOTTI, Maria Isabel Pereira Diniz. Termo de ajuste de conduta firmado perante o Ministério Público em inquérito civil público. São Paulo: *Revista LTr*, v. 59, n. 10, p. 1311-1314, out. 1995.

MAZZILLI, Hugo Nigro. *Ministério Público*. 3. ed. São Paulo: Damasio de Jesus, 2005.

_____. A defesa dos interesses difusos em juízo. 22. ed. São Paulo: Saraiva, 2009.

_____. *O inquérito civil*: investigações do Ministério Público, Compromissos de Ajustamento e Audiências Públicas. 3. ed. São Paulo: Saraiva, 2008.

MENDES, Gilmar Ferreira; COELHO, Inocêncio Mártires; BRANCO, Paulo Gustavo Gonet. *Curso de direito constitucional*. 3. ed. São Paulo: Saraiva, 2008.

MILARÉ, Édis. *A Ação Civil Pública* — após 25 anos: efetividade e desafios. São Paulo: Revista dos Tribunais, 2010.

MOREIRA, José Carlos Barbosa. *Tutela jurisdicional dos interesses coletivos ou difusos*. Temas de Direito Processual. 3ª série. São Paulo: Saraiva, 1984.

NERY Nelson; NERY, Rosa Maria de Andrade. *Leis civis comentadas*. São Paulo: Revista dos Tribunais, 2006.

NERY JUNIOR, Nelson. *Constituição Federal comentada e legislação constitucional*. 2. ed. São Paulo: Revista dos Tribunais, 2009.

_____. *Atualidades sobre o processo civil*. 2. ed. São Paulo: RT, 1996.

_____; WAMBIER, Teresa Arruda Alvim Wambier. *Aspectos polêmicos e atuais dos recursos cíveis e de outras formas de impugnação às decisões judiciais*. São Paulo: Revista dos Tribunais, 2001.

OLIVEIRA, Letícia Mariz de. Os Princípios da Tutela Coletiva no Substitutivo ao Projeto de Lei (PL) n. 5.139/2009, que Trata da Ação Civil Pública e sua Violação às Garantias Constitucionais. Trabalhos Técnicos. Divisão Jurídica. Disponível em: <http://www.cnc.org.br/sites/default/files/arquivos/dj1jan10.pdf>. Acesso em: 25 out. 2011.

PEREIRA, Cícero Rufino. O termo de ajuste de conduta firmado pelo Ministério Público no combate ao trabalho escravo e a defesa endoprocessual da exceção de pré-executividade. *Revista do Ministério Público do Trabalho*, São Paulo, v. 13, n. 26, p. 110 — 120, set. 2003.

PIETRO, Maria Sylvia Zanella Di. *Direito administrativo*. 24. ed. São Paulo: Atlas, 2011.

PONTES DE MIRANDA, Francisco Cavalcanti. *Comentários ao código de processo civil*. Atualizado por Sérgio Bermudes, v. 1, 1. ed. Rio de Janeiro: Forense, 2004.

_____. *Tratado das ações*. Tomo 1. São Paulo: Revista dos Tribunais, 1970.

REIS, Jair Teixeira dos. *Ministério público*. São Paulo: Lex, 2007.

RIBEIRO, Carlos Vinícius Alves (org.). *Ministério Público* — reflexões sobre princípios e funções institucionais. São Paulo: Atlas, 2010.

RIBEIRO, Lauro Luiz Gomes. *Manual dos direitos da pessoa com deficiência*. São Paulo: Verbatim, 2010.

_____. O art. 475, II, do CPC e a tutela jurisdicional coletiva da criança, do adolescente e da pessoa portadora de deficiência. *In*: NERY JÚNIOR, Nelson; WAMBIER, Teresa Arruda Alvim Wambier. *Aspectos polêmicos e atuais dos recursos cíveis e de outras formas de impugnação às decisões judiciais*. São Paulo: Revista dos Tribunais, 2001. p. 612-643.

RODRIGUES, Geisa de Assis. *Ação civil pública e termo de ajustamento de conduta*: teoria e prática. Rio de Janeiro: Forense, 2002.

RODRIGUES, Marcelo Abelha. *O novo processo civil coletivo*. São Paulo: Lumen Juris, 2009.

ROUSSEAU, Jean-Jacques. *Do contrato social*. São Paulo: Companhia das Letras, 2011.

SANTOS, Ernani Fidélis dos (Coord.) *et al*. *Execução civil estudos em homenagem a Humberto Theodoro Júnior*. São Paulo: Revista dos Tribunais, 2007.

SARAIVA, Renato. *Processo do trabalho*. 4. ed. São Paulo: Método, 2007.

SARLET, Ingo Wolfgang. *A eficácia dos direitos fundamentais*. 6. ed. Porto Alegre: Livraria do Advogado, 2006.

SEABRA, Fausto José Martins. *A atuação do juiz na efetivação da tutela coletiva*. Dissertação (Mestrado em Direito). São Paulo: Universidade de São Paulo, 2008.

SHIMURA, Sérgio. *Tutela coletiva e sua efetividade*. São Paulo: Método, 2006.

_____. Reanálise do duplo grau de jurisdição obrigatório diante das garantias constitucionais. *In:* WAMBIER, Teresa Arruda Alvim; NERY JÚNIOR, Nelson; FUX, Luiz (coordenadores). *Processo e Constituição*: estudos em homenagem ao Professor José Carlos Barbosa Moreira. São Paulo: Revista dos Tribunais, 2006. p. 604-615.

SILVA, De Plácido e. *Vocabulário jurídico*. Rio de Janeiro: Forense, 1997.

_____. *Vocabulário jurídico*. 28. ed. Rio de Janeiro: Forense, 2010.

SILVA, Érica Barbosa e. Cumprimento de sentença em ações coletivas. *Coleção Atlas de processo civil* — coordenação Carlos Alberto Carmona. São Paulo: Atlas, 2009.

SILVA, Luciana Aboim Machado Gonçalves da. *Termo de ajuste de conduta*. São Paulo: LTr, 2004.

SMANIO, Gianpaolo Poggio. As Dimensões da Cidadania. *Revista da Escola Superior do Ministério Público* (ESMP). Ano 2. jan./ jun. 2009, p. 13-23.

_____. Interesses difusos e coletivos: estatuto da criança e do adolescente, consumidor, meio ambiente, improbidade administrativa, ação civil pública e inquérito civil. *Série Fundamentos Jurídicos*. São Paulo: Atlas, 1998.

_____. *Tutela penal dos interesses difusos*. São Paulo: Atlas, 2000.

SOUZA, Motauri Ciocchetti de. *Ação civil pública e inquérito civil*. 3. ed. São Paulo: Saraiva, 2008.

_____. *Ação Civil Pública* (Competência e Efeitos da Coisa Julgada). São Paulo: Malheiros Editores, 2003.

TOURINHO FILHO. Fernando da Costa. *Processo penal*. V. 1, 30. ed. São Paulo: Saraiva, 2008.

VENTURI, Elton. *Execução da tutela coletiva*. São Paulo: Malheiros, 2000.

_____. *Processo civil coletivo*. São Paulo: Malheiros, 2007.

VIANNA, Luiz Werneck; CARVALHO, Maria Alice Rezende de; MELO, Manuel Palacios Cunha; BURGOS, Marcelo Baumann. *A judicialização da política e das relações sociais no Brasil*. Rio de Janeiro: Revan, 1999.

VIGLIAR, José Marcelo Menezes. *Ação Civil Pública*. 5. ed. São Paulo: Atlas, 2001.

WALD, Arnoldo. *Aspectos polêmicos da Ação Civil Pública*. 2. ed. São Paulo: Saraiva, 2007.

WAMBIER, Luiz Rodrigues. *Curso avançado de Processo Civil I*. 8. ed. São Paulo: RT, 2006.

WAMBIER, Teresa Arruda Alvim; NERY JÙNIOR, Nelson; FUX, Luiz (coordenadores). *Processo e Constituição*: estudos em homenagem ao Professor José Carlos Barbosa Moreira. São Paulo: Revista dos Tribunais, 2006.

WATANABE, Kazuo. Do objeto litigioso das ações coletivas: cuidados necessários para sua correta fixação. *In*: MILARÉ, Édis (coord.). *A Ação Civil Pública após 25 anos*. São Paulo: Revista dos Tribunais, 2010. p. 501.

_____. Tutela jurisdicional dos interesses difusos: a legitimação para agir. *In*: *A tutela jurisdicional dos interesses difusos*. São Paulo: Max Limonad, 1984.

_____. *Código de defesa do consumidor*. São Paulo: Forense, 2011.

_____. *Código brasileiro de defesa do consumidor* — comentado pelos autores do anteprojeto. 9. ed. São Paulo: Forense, 2010.

YEAZELL, Stephen C. *Federal rules of civil procedure*. New York — USA: Aspen Pub, 2005.

YOSHIDA, Consuelo Yatsuda Moromizato. *Tutela dos interesses difusos e coletivos*. São Paulo: Juarez de Oliveira, 2006.

ZAVASCKI, Teori Albino. *Processo coletivo*: tutela de direitos coletivos e tutela coletiva de direitos. 4. ed. São Paulo: Revista dos Tribunais, 2009.

ZENKNER, Marcelo. *Ministério Público e efetividade do processo civil*. São Paulo: Revista dos Tribunais, 2006.

ANEXO A

ANTEPROJETO DE CÓDIGO BRASILEIRO DE PROCESSOS COLETIVOS

ANTEPROJETO DE CÓDIGO BRASILEIRO DE PROCESSOS COLETIVOS

APRESENTAÇÃO DO ANTEPROJETO ELABORADO EM CONJUNTO NOS PROGRAMAS DE PÓS-GRADUAÇÃO *STRICTO SENSU* DA UNIVERSIDADE DO ESTADO DO RIO DE JANEIRO (UERJ) E DA UNIVERSIDADE ESTÁCIO DE SÁ (UNESA)

1. Em termos legislativos, a história recente dos processos coletivos no Brasil encontra-se indissoluvelmente marcada por três diplomas: a Lei da Ação Civil Pública (Lei n. 7.347), de 1985; a Constituição da República de 1988; e o Código de Defesa do Consumidor (Lei n. 8.078), de 1990. Ao longo dos últimos vinte anos, pode-se dizer que houve não apenas o florescimento de um conjunto de normas pertinentes, mas também o desabrochar de substanciosa doutrina relacionada com as ações coletivas e a ocupação de um espaço crescente por parte da preocupação de docentes e discentes no meio acadêmico, consubstanciando o surgimento de uma nova disciplina: o Direito Processual Coletivo.

2. A experiência brasileira em torno das ações coletivas, englobando a ação popular, desde 1934, é rica e vem servindo de inspiração até mesmo para outros países. Nesse sentido, forçosa é a menção ao Código Modelo de Processos Coletivos, editado pelo Instituto Ibero-Americano de Direito Processual, no ano de 2004, que foi elaborado com a participação de quatro professores brasileiros: Ada Pellegrini Grinover, Aluisio Gonçalves de Castro Mendes, Antonio Gidi e Kazuo Watanabe.

3. Os processos coletivos passaram a servir de instrumento principalmente para os denominados novos direitos, como o do meio ambiente e dos consumidores, desdobrando-se, ainda, em estatutos legislativos específicos, como a Lei n. 7.853, dispondo sobre o apoio às pessoas portadoras de deficiência; a Lei n. 7.913, para proteção dos investidores em valores mobiliários; a Lei n. 8.069, para a defesa das crianças e dos adolescentes; a Lei n. 8.429, contra a improbidade administrativa; a Lei n. 8.884, contra as infrações da ordem econômica e da economia popular e a Lei n. 10.741, dispondo sobre o Estatuto do Idoso, prevendo expressamente a defesa coletiva dos respectivos interesses e direitos. Entretanto, o caminho legislativo percorrido não foi apenas de avanços. Em determinados momentos, a tutela jurisdicional coletiva sofreu reveses, ressaltando-se as restrições impostas ao objeto das ações coletivas, pela Medida Provisória n. 2.180-35, e a tentativa de confinamento dos efeitos do julgado coletivo nos limites da competência territorial do órgão prolator da sentença, ditado pela Lei n. 9.494.

4. Os resultados colhidos do dia-a-dia forense e dos debates acadêmicos demonstram que as soluções oferecidas pelos processos coletivos podem e devem ser aperfeiçoados. Os princípios e normas gerais pertinentes aos processos coletivos precisam ser reunidos em um estatuto codificado, dando tratamento sistemático e atual para a tutela coletiva, bem como preenchendo as lacunas existentes e dando respostas às dúvidas e controvérsias que grassam no meio jurídico. A elaboração recente do Código

Modelo para Processos Coletivos, no âmbito dos países ibero-americanos, reavivou e consolidou a vontade de se repensar a legislação brasileira em torno das ações coletivas. Nesse sentido, foi elaborado, sob a coordenação da Professora Ada Pellegrini Grinover, na esfera da Faculdade de Direito da Universidade de São Paulo (USP), um primeiro Anteprojeto de Código Brasileiro de Processos Coletivos, oferecido à discussão e sendo nesse sentido enviado aos membros do Instituto Brasileiro de Direito Processual.

5. Os programas de Mestrado em Direito da Universidade do Estado do Rio de Janeiro (UERJ) e da Universidade Estácio de Sá (UNESA) foram pioneiros na introdução de disciplinas voltadas para o estudo dos processos coletivos, respectivamente denominadas de Direito Processual Coletivo e Tutela dos Interesses Coletivos. Procurando honrar a tradição de eminentes processualistas do Estado do Rio de Janeiro, como Machado Guimarães, José Carlos Barbosa Moreira, Luiz Fux, Paulo Cezar Pinheiro Carneiro, Sérgio Bermudes, Leonardo Greco e Carreira Alvim, a discussão em torno do Anteprojeto de Código Brasileiro de Processos Coletivos desenvolveu-se, paralela e concomitantemente, ao longo de todo o primeiro semestre letivo de 2005, dando prosseguimento aos debates realizados no ano de 2004, em torno do Código Modelo de Processos Coletivos e de reflexões comparativas, que procuravam, em especial, apontar para uma maior efetividade do processo coletivo, com o seu fortalecimento e consecução dos seus escopos de acesso à Justiça, de economia processual e judicial, de celeridade na prestação jurisdicional, de preservação do princípio da isonomia em relação ao direito material e do equilíbrio entre as partes na relação processual.

6. Por felicidade, o grupo reunido, sob a coordenação do Professor e Juiz Federal Aluisio Gonçalves de Castro Mendes, docente das supramencionadas disciplinas, contou com a participação de pessoas com larga experiência em termos de atuação junto a processos coletivos e uma ampla diversidade e pluralidade, em termos de origem e experiência profissional, o que enriqueceu os debates e permitiu que as questões fossem vistas de modo multifacetário. Elaboraram propostas e participaram das discussões os seguintes integrantes dos programas de pós-graduação *stricto sensu* da UERJ e da UNESA: Adriana Silva de Britto (Defensora Pública), Cláudia Abreu Lima Pisco (Juíza do Trabalho), Diogo Medina Maia (Advogado), Guadalupe Louro Turos Couto (Procuradora do Trabalho), Luiz Norton Baptista de Mattos (Juiz Federal), Márcio Barra Lima (Procurador da República), Maria Carmen Cavalcanti de Almeida (Promotora de Justiça), Mariana Romeiro de Albuquerque Mello (Advogada), Marília de Castro Neves Vieira (Procuradora de Justiça), Paula Maria de Castro Barbosa (Advogada e Pesquisadora), Ana Paula Correia Hollanda (Promotora de Justiça), Andrea Cruz Salles (Advogada), Caio Márcio G. Taranto (Juiz Federal), Carlos Roberto de Castro Jatahy (Procurador de Justiça), Heloisa Maria Daltro Leite (Procuradora de Justiça), José Antônio Fernandes Souto (Promotor de Justiça), José Antônio Ocampo Bernárdez (Promotor de Justiça), Larissa Ellwanger Fleury Ryff (Promotora de Justiça), Marcelo Daltro Leite (Procurador de Justiça), Miriam Tayah Chor (Promotora de Justiça), Mônica dos Santos Ferreira (Advogada) e Vanice Lírio do Valle (Procuradora do Município).

7. A ideia inicial, voltada para a apresentação de sugestões e propostas para a melhoria do anteprojeto formulado em São Paulo, acabou evoluindo para uma reestruturação mais ampla do texto original, com o intuito de se oferecer uma proposta coerente, clara e comprometida com o fortalecimento dos processos coletivos, culminando com a elaboração de um novo Anteprojeto de Código Brasileiro de Processos Coletivos, que ora é trazido à lume e oferecido ao Instituto Brasileiro de Direito Processual, aos meios acadêmicos, aos estudiosos e operadores do Direito e à sociedade, como proposta para ser cotejada e discutida.

8. O Anteprojeto formulado no Rio de Janeiro encontra-se estruturado em cinco partes: I — Das ações coletivas em geral; II — Das ações coletivas para a defesa dos direitos ou interesses individuais homogêneos; III — Da ação coletiva passiva; IV — Dos procedimentos especiais; V — Disposições finais.

9. Na primeira parte, o Capítulo I contém dois artigos introdutórios, que estatuem a admissibilidade de todas as espécies de ações para a consecução da tutela jurisdicional coletiva, bem como o seu objeto,

mediante a tradicional divisão ternária dos interesses e direitos difusos, coletivos em sentido estrito e individuais homogêneos, além de afastar a possibilidade de pedido de declaração de inconstitucionalidade, salvo como questão prejudicial, na via do controle difuso. O Capítulo II, que trata dos pressupostos processuais e das condições da ação coletiva, possui três Seções. Na primeira — Do órgão judiciário, encontram-se disciplinados a competência territorial, a prioridade de processamento para os processos coletivos, a especialização de juízos para o processamento e julgamento de processos coletivos e a conexão, ficando prevento o juízo perante o qual foi distribuída a primeira demanda coletiva, para os demais processos conexos, ainda quando diversos os sujeitos processuais. A segunda Seção regula a litispendência, deixando expressa a sua existência quando houver o mesmo pedido, causa de pedir e interessados, e a continência, dando a este último instituto um tratamento inovador e consentâneo com a sua natureza. A terceira Seção do Capítulo II dispõe sobre as condições específicas da ação coletiva, estabelecendo, como requisitos, a representatividade adequada e a relevância social da tutela coletiva, bem como o rol dos legitimados ativos, que, consentâneo com a perspectiva de ampliação do acesso à Justiça, do fortalecimento dos instrumentos coletivos de prestação jurisdicional e com as diretrizes do Código Modelo de Processos Coletivos, passa por um alargamento substancial, na qual figuram a pessoa natural, para a defesa dos direitos ou interesses difusos; o membro do grupo, categoria ou classe, para a proteção dos direitos ou interesses coletivos e individuais homogêneos; o Ministério Público, para a defesa dos direitos e interesses difusos, coletivos e individuais homogêneos de interesse social; a Defensoria Pública, quando os interessados forem predominantemente hipossuficiente; as pessoas jurídicas de direito público interno; as entidades e órgãos da Administração Pública; as entidades sindicais, para a defesa da categoria; os partidos políticos e as associações legalmente constituídas. O Capítulo III cuida da comunicação sobre processos repetitivos, do inquérito civil e do compromisso de ajustamento de conduta. O Capítulo IV — Da postulação, estabelece regramento em termos de custas e honorários, da instrução da petição inicial, do pedido, dos efeitos da citação e da audiência preliminar, além de prever a possibilidade do juiz ouvir a parte contrária, com prazo de 72 (setenta e duas) horas, antes de conceder liminar ou tutela antecipada, quando entender conveniente e não houver prejuízo para a efetividade da medida. Em seguida, o Capítulo V prevê a denominada carga dinâmica da prova, com a incumbência do ônus da prova recaindo sobre a parte que detiver conhecimentos técnicos ou informações específicas sobre os fatos ou maior facilidade em sua demonstração. O Capítulo VI, cuidando do julgamento, do recurso e da coisa julgada, inova ao unificar o sistema de coisa julgada para os direitos e interesses difusos, coletivos e individuais homogêneos, ou seja, em todas as hipóteses haverá a coisa julgada *erga omnes*, salvo se o pedido for julgado improcedente por insuficiência de provas. Por conseguinte, a sentença proferida, em processo coletivo, em torno dos direitos individuais homogêneos é fortalecida, pois será vinculativa também quando houver julgamento de improcedência do pedido fora das hipóteses de insuficiência de provas. O texto proposto estabelece, ainda, expressamente, que a competência territorial do órgão julgador não representará limitação para a coisa julgada *erga omnes*. O Capítulo VII trata das obrigações específicas de fazer, não fazer e de dar, bem como da reparação de danos provocados ao bem indivisivelmente considerado. No Capítulo VIII, são reguladas a liquidação e a execução em geral. Por fim, o Capítulo IX da Parte I cria o Cadastro Nacional de Processos Coletivos, sob a incumbência do Conselho Nacional de Justiça, com a finalidade de permitir que todos os órgãos do Poder Judiciário e todos os interessados tenham conhecimento da existência das ações coletivas, e edita norma geral pertinente ao Fundo dos Direitos Difusos, Coletivos e Individuais Homogêneos, que será administrado por um Conselho Federal ou por Conselhos Estaduais.

10. A Parte II, destinada às ações coletivas para a defesa dos direitos ou interesses individuais homogêneos, talvez seja a mais inovadora no Anteprojeto formulado no Rio de Janeiro. As modificações procuraram atentar para uma realidade de certo modo perversa que vem se mantendo ao longo dos últimos vinte anos: as ações coletivas não estavam obtendo pleno sucesso no sentido de serem, de fato, as grandes catalisadoras desses anseios e de serem realmente o instrumento efetivo e útil para a solução dos problemas individuais decorrentes de origem comum. Não lograram, assim, ser um modo

capaz de resolver o conflito de muitos mediante um único processo coletivo. Por conseguinte, o Poder Judiciário continuou e continua a receber centenas, milhares e milhões de demandas individuais, que poderiam encontrar solução muito mais econômica mediante um processo coletivo, levando a um crescente esgotamento por parte dos órgãos judiciais, que se vêem envolvidos com um número enorme e comprometedor, em termos de qualidade e celeridade dos serviços prestados. Os exemplos são inúmeros: expurgos nas cadernetas de poupança e no Fundo de Garantia por Tempo de Serviço (FGTS), reajuste de benefícios previdenciários, de vencimentos e de salários, questões tributárias nas esferas municipais, estaduais e federal etc. O motivo pode ser facilmente percebido: o sistema vigente banaliza os processos coletivos, ao permitir o surgimento e tramitação concomitantes destes com os processos individuais, que podem ser instaurados até mesmo quando já existe decisão coletiva transitada em julgado, ensejando insegurança e certa perplexidade diante da possibilidade da lide estar sendo apreciada, ao mesmo tempo, no âmbito coletivo e individual. Propõe-se, assim, uma remodelagem no sistema, a partir do fortalecimento e da priorização do processo coletivo, sem que haja, contudo, prejuízo para o acesso individual. O ajuizamento ou prosseguimento de ação individual versando sobre direito ou interesse, que esteja sendo objeto de ação coletiva, pressupõe a exclusão tempestiva e regular do processo coletivo. Para tanto, se prevê a comunicação dos interessados, que poderá ser feita pelo correio, por oficial de justiça, por edital ou por inserção em outro meio de comunicação ou informação, como contracheque, conta, fatura, extrato bancário etc. O ajuizamento da ação coletiva ensejará a suspensão, por trinta dias, dos processos individuais que versem sobre direito ou interesse que esteja sendo objeto no processo coletivo. Dentro do prazo de suspensão, os autores individuais poderão requerer a continuação do respectivo processo individual, sob pena de extinção sem o julgamento do mérito. Os interessados que, quando da comunicação, não possuírem ação individual ajuizada e não desejarem ser alcançados pelos efeitos das decisões proferidas na ação coletiva poderão optar entre o requerimento de exclusão ou o ajuizamento de ação individual no prazo assinalado, hipótese que equivalerá à manifestação expressa de exclusão. Como requisito específico para a ação coletiva para a defesa dos direitos ou interesses individuais homogêneos, estabelece o Anteprojeto a necessidade de aferição da predominância das questões comuns sobre as individuais e a utilidade da tutela coletiva no caso concreto. O Anteprojeto procura afastar, ainda, os riscos de indeferimento indevido ou de retardamento do andamento do processo em razão da falta inicial de determinação dos interessados, que poderá ocorrer no momento da liquidação ou execução do julgado. Os artigos 30 a 40 regulam detalhadamente os processos coletivos para a defesa dos direitos e interesses individuais homogêneos, com regras pertinentes à citação e notificações, à relação entre ação coletiva e ações individuais, à possibilidade de intervenção dos interessados mediante a assistência e aos efeitos da transação. Em relação à sentença condenatória, o Anteprojeto estabelece que, sempre que for possível, o juiz fixará na sentença do processo coletivo o valor da indenização individual devida a cada membro do grupo, categoria ou classe, procurando, assim, dar maior efetividade e celeridade para a satisfação plena, procurando romper com a sistemática da condenação genérica no processo coletivo e as subsequentes liquidações e execuções individuais, que acabam sendo complexas e demoradas, não sendo sequer realizadas por uma boa parte dos interessados em potencial, devendo, assim, ser deixada para um segundo plano, ou seja, apenas quando for impossível a prolação de sentença líquida. Em termos de competência para a liquidação e execução, o texto proposto estabelece prioridade também para as liquidações e execuções coletivas, que serão processadas perante o juízo da sentença condenatória. Mas, quando houver liquidações ou execuções individuais, o foro competente será o do domicílio do demandante individual ou do demandado, pois a concentração de milhares ou milhões de liquidações e/ou execuções individuais no juízo da ação coletiva condenatória propiciaria a inviabilização do órgão judicial especializado ou prevento para as demandas coletivas. O Anteprojeto deixa claro, também, que, quando a execução for coletiva, os valores destinados ao pagamento das indenizações individuais serão depositados em instituição bancária oficial, abrindo--se conta remunerada e individualizada para cada beneficiário. Previu, ainda, regras subsidiárias pertinentes às liquidações e execuções individuais e ao concurso de créditos entre condenações pelos prejuízos coletiva e individualmente considerados.

11. A Parte III foi destinada à ação coletiva passiva, que passaria a ser mencionada expressamente na nova legislação. A redação prevista no Anteprojeto inicialmente formulado na USP estabelecia expressamente, em termos de direitos e interesses individuais homogêneos, que "a coisa julgada atuará *erga omnes* no plano coletivo, mas a sentença de procedência não vinculará os membros do grupo, categoria ou classe, que poderão mover ações próprias ou defender-se no processo de execução para afastar a eficácia da decisão na sua esfera jurídica individual". Da simples leitura, pode-se constatar a inocuidade da norma, impondo-se indagar: quem iria propor uma demanda coletiva passiva, sabendo, de antemão, que o melhor resultado possível, ou seja, o julgamento de procedência do pedido, praticamente nenhum valor teria, pois a ninguém vincularia? Portanto, o demandante estaria fadado a perder ou a não ganhar nada, podendo-se antever, desde já, que a nova regulação estaria por soterrar a malfadada ação coletiva passiva, tal qual nos moldes propostos. O texto proposto no Anteprojeto ora apresentado corrige o problema, estabelecendo simplesmente a vinculação dos membros do grupo, categoria ou classe.

12. A Parte IV, destinada aos procedimentos especiais em termos de tutela coletiva, encontra-se subdividida em quatro capítulos: Do mandado de segurança coletivo; Do mandado de injunção coletivo; Da ação popular; e Da ação de improbidade administrativa. Cogita-se, ainda, da elaboração de um quinto capítulo, para a regulação dos dissídios coletivos. Procurou-se respeitar, nessa parte, as normas vigentes, salvo em relação ao mandado de injunção coletivo, diante da lacuna legal existente. Registre--se, na espécie, que a redação originária do anteprojeto formulado em São Paulo, corretamente, procurava dispor o instituto nos moldes pugnados pela doutrina, para dar à sentença concessiva do mandado a formulação, com base na equidade, de norma regulamentadora para o caso concreto. A nova redação, agora apresentada, mantém a orientação, sem descuidar, no entanto, do aspecto pertinente ao controle e regularização da omissão existente, estabelecendo, para tanto, o litisconsórcio obrigatório entre a autoridade ou órgão público competente para a edição da norma regulamentadora e a pessoa física ou jurídica, de direito público ou privado, que impossibilite o exercício do direito no caso concreto, e, na sentença, a comunicação da caracterização da mora legislativa constitucionalmente qualificada ao Poder competente, para que possa ser suprida, conciliando, assim, a consagrada jurisprudência conferida pelo Supremo Tribunal Federal com a pretendida efetividade do mandado de injunção coletivo para a regulação do caso concreto.

13. Por último, a Parte V, que cuida das disposições finais, dispõe sobre os princípios de interpretação, a aplicação subsidiária do Código de Processo Civil às ações coletivas, a instalação de órgãos especializados para o processamento e julgamento de demandas coletivas, no âmbito da União e dos Estados, e a vigência do Código Brasileiro de Processos Coletivos, dentro de um ano a contar da publicação da lei. O Anteprojeto procura, ainda, corrigir e adaptar algumas normas vigentes em outros estatutos legais, bem como revogar expressamente os dispositivos incompatíveis com o novo texto.

14. Na esperança que o presente Anteprojeto de Código Brasileiro de Processos Coletivos possa representar uma efetiva contribuição para o aprimoramento do acesso à Justiça, para a melhoria na prestação jurisdicional e para a efetividade do processo, leva-se à lume a proposta formulada, submetendo--a aos estudiosos do assunto, aos profissionais do Direito e a toda a sociedade, para que possa ser amplamente analisada e debatida.

Rio de Janeiro, agosto de 2005.

Aluisio Gonçalves de Castro Mendes
Professor Doutor de Direito Processual Civil na UERJ e UNESA
Juiz Federal
Membro do Instituto Brasileiro de Direito Processual, do Instituto Ibero-Americano de Direito Processual e da Associação Internacional de Direito Processual.

ANTEPROJETO DE CÓDIGO BRASILEIRO DE PROCESSOS COLETIVOS

PARTE I — DAS AÇÕES COLETIVAS EM GERAL

CAPÍTULO I
Da tutela coletiva

Art. 1º *Da tutela jurisdicional coletiva.* Para a defesa dos direitos e interesses difusos, coletivos e individuais homogêneos são admissíveis, além das previstas neste Código, todas as espécies de ações e provimentos capazes de propiciar sua adequada e efetiva tutela.

Art. 2º *Objeto da tutela coletiva.* A ação coletiva será exercida para a tutela de:

I — interesses ou direitos difusos, assim entendidos os transindividuais, de natureza indivisível, de que sejam titulares pessoas indeterminadas e ligadas por circunstâncias de fato;

II — interesses ou direitos coletivos, assim entendidos os transindividuais, de natureza indivisível, de que seja titular um grupo, categoria ou classe de pessoas ligadas entre si ou com a parte contrária por uma relação jurídica base;

III — interesses ou direitos individuais homogêneos, assim entendidos os direitos subjetivos decorrentes de origem comum.

Parágrafo único. Não se admitirá ação coletiva que tenha como pedido a declaração de inconstitucionalidade, mas esta poderá ser objeto de questão prejudicial, pela via do controle difuso.

CAPÍTULO II
Dos pressupostos processuais e das condições da ação

Seção I
Do órgão judiciário

Art. 3º *Competência territorial.* É competente para a causa o foro do lugar onde ocorreu ou deva ocorrer o dano.

§ 1º Em caso de abrangência de mais de um foro, determinar-se-á a competência pela prevenção, aplicando-se as regras pertinentes de organização judiciária.

§ 2º Em caso de dano de âmbito nacional, serão competentes os foros das capitais dos estados e do distrito federal.

Redação aprovada na UNESA: Art. 3º *Competência territorial.* É competente para a causa o foro do lugar onde ocorreu ou deva ocorrer o dano.

Parágrafo único. Em caso de abrangência de mais de um foro, determinar-se-á a competência pela prevenção, aplicando-se as regras pertinentes de organização judiciária.

Art. 4º *Prioridade de processamento.* O juiz dará prioridade ao processamento da ação coletiva.

Art. 5º *Juízos especializados.* As ações coletivas serão processadas e julgadas em juízos especializados, quando existentes.

Art. 6º *Conexão.* Se houver conexão entre causas coletivas, de qualquer espécie, ficará prevento o juízo perante o qual a demanda foi distribuída em primeiro lugar, devendo o juiz, de ofício ou a requerimento da parte, determinar a reunião de todos os processos, mesmo que nestes não atuem integralmente os mesmos sujeitos processuais.

Seção II
Da litispendência e da continência

Art. 7º *Litispendência e continência.* A primeira ação coletiva induz litispendência para as demais ações coletivas que tenham o mesmo pedido, causa de pedir e interessados.

§ 1º Estando o objeto da ação posteriormente proposta contido no da primeira, será extinto o processo ulterior sem o julgamento do mérito.

§ 2º Sendo o objeto da ação posteriormente proposta mais abrangente, o processo ulterior prosseguirá tão somente para a apreciação do pedido não contido na primeira demanda, devendo haver a reunião dos processos perante o juiz prevento em caso de conexão.

§ 3º Ocorrendo qualquer das hipóteses previstas neste artigo, as partes poderão requerer a extração ou remessa de peças processuais, com o objetivo de instruir o primeiro processo instaurado.

Seção III
Das condições específicas da ação coletiva e da legitimação ativa

Art. 8º *Requisitos específicos da ação coletiva.* São requisitos específicos da ação coletiva, a serem aferidos em decisão especificamente motivada pelo juiz:

I — a adequada representatividade do legitimado;

II — a relevância social da tutela coletiva, caracterizada pela natureza do bem jurídico, pelas características da lesão ou pelo elevado número de pessoas atingidas.

§ 1º Na análise da representatividade adequada o juiz deverá examinar dados como:

a) a credibilidade, capacidade e experiência do legitimado;

b) seu histórico de proteção judicial e extrajudicial dos interesses ou direitos dos membros do grupo, categoria ou classe;

c) sua conduta em outros processos coletivos;

d) a coincidência entre os interesses do legitimado e o objeto da demanda;

e) o tempo de instituição da associação e a representatividade desta ou da pessoa física perante o grupo, categoria ou classe.

§ 2º O juiz analisará a existência do requisito da representatividade adequada a qualquer tempo e em qualquer grau do procedimento, aplicando, se for o caso, o disposto no § 3º do artigo seguinte.

Art. 9º *Legitimação ativa.* São legitimados concorrentemente à ação coletiva:

I — qualquer pessoa física, para a defesa dos direitos ou interesses difusos;

II — o membro do grupo, categoria ou classe, para a defesa dos direitos ou interesses coletivos e individuais homogêneos;

III — o Ministério Público, para a defesa dos direitos ou interesses difusos e coletivos, bem como dos individuais homogêneos de interesse social;

IV — a Defensoria Pública, para a defesa dos direitos ou interesses difusos, coletivos e individuais homogêneos, quando os interessados forem, predominantemente, hipossuficientes;

V — as pessoas jurídicas de direito público interno, para a defesa dos direitos ou interesses difusos e coletivos relacionados às suas funções;

VI — as entidades e órgãos da Administração Pública, direta ou indireta, ainda que sem personalidade jurídica, especificamente destinados à defesa dos direitos ou interesses protegidos por este código;

VII — as entidades sindicais, para a defesa dos direitos ou interesses difusos, coletivos e individuais homogêneos ligados à categoria;

VIII — os partidos políticos com representação no Congresso Nacional, nas Assembleias Legislativas ou nas Câmaras Municipais, conforme o âmbito do objeto da demanda, para a defesa de direitos e interesses ligados a seus fins institucionais;

IX — as associações legalmente constituídas e que incluam entre seus fins institucionais a defesa dos direitos ou interesses protegidos neste código, dispensada a autorização assemblear.

§ 1º Será admitido o litisconsórcio facultativo entre os legitimados.

§ 2º Em caso de interesse social, o Ministério Público, se não ajuizar a ação ou não intervier no processo como parte, atuará obrigatoriamente como fiscal da lei.

§ 3º Em caso de inexistência inicial ou superveniente do requisito da representatividade adequada, de desistência infundada ou abandono da ação, o juiz notificará o Ministério Público, observado o disposto no inciso III, e, na medida do possível, outros legitimados adequados para o caso, a fim de que assumam, querendo, a titularidade da ação. Havendo inércia do Ministério Público, aplica-se o disposto no parágrafo único do artigo 10 deste código.

CAPÍTULO III
Da comunicação sobre processos repetitivos, do inquérito civil e do compromisso de ajustamento de conduta

Art. 10. *Comunicação sobre processos repetitivos.* O juiz, tendo conhecimento da existência de diversos processos individuais correndo contra o mesmo demandado, com idêntico fundamento, comunicará o fato ao Ministério Público e, na medida do possível, a outros legitimados (art. 9º), a fim de que proponham, querendo, ação coletiva.

Parágrafo único. Caso o Ministério Público não promova a ação coletiva, no prazo de 90 (noventa) dias, fará a remessa do expediente recebido ao órgão com atribuição para a homologação ou rejeição da promoção de arquivamento do inquérito civil, para que, do mesmo modo, delibere em relação à propositura ou não da ação coletiva.

Art.11. *Inquérito civil.* O Ministério Público poderá instaurar, sob sua presidência, inquérito civil, nos termos do disposto em sua Lei Orgânica.

§ 1º Se o órgão do Ministério Público, esgotadas todas as diligências, se convencer da inexistência de fundamento para a propositura da ação, promoverá o arquivamento dos autos do inquérito civil ou das peças informativas, fazendo-o fundamentadamente.

§ 2º Os autos do inquérito civil ou das peças informativas arquivadas serão remetidos, sob pena de se incorrer em falta grave, no prazo de 10 (dez) dias, ao órgão com atribuição para homologação, na forma da Lei Orgânica.

§ 3º Até que, em sessão do órgão com atribuição para homologação, seja homologada ou rejeitada a promoção, poderão os interessados apresentar razões escritas e documentos, que serão juntados aos autos do inquérito ou anexados às peças de informação.

§ 4º Deixando o órgão com atribuição de homologar a promoção de arquivamento, designará, desde logo, outro membro do Ministério Público para o ajuizamento da ação.

Art. 12. *Compromisso de ajustamento de conduta.* O Ministério Público e os órgãos públicos legitimados poderão tomar dos interessados compromisso de ajustamento de conduta às exigências legais, mediante cominações, que terá eficácia de título executivo extrajudicial, sem prejuízo da possibilidade de homologação judicial do compromisso, se assim requererem as partes.

Parágrafo único. Quando o compromisso de ajustamento for tomado por legitimado que não seja o Ministério Público, este deverá ser cientificado para que funcione como fiscal.

CAPÍTULO IV
Da postulação

Art. 13. *Custas e honorários.* Os autores da ação coletiva não adiantarão custas, emolumentos, honorários periciais e quaisquer outras despesas, nem serão condenados, salvo comprovada má-fé, em honorários de advogados, custas e despesas processuais.

§ 1º Nas ações coletivas de que trata este código, a sentença condenará o demandado, se vencido, nas custas, emolumentos, honorários periciais e quaisquer outras despesas, bem como em honorários de advogados.

§ 2º No cálculo dos honorários, o juiz levará em consideração a vantagem para o grupo, categoria ou classe, a quantidade e qualidade do trabalho desenvolvido pelo advogado e a complexidade da causa.

§ 3º Se o legitimado for pessoa física, sindicato ou associação, o juiz poderá fixar gratificação financeira quando sua atuação tiver sido relevante na condução e êxito da ação coletiva.

§ 4º O litigante de má-fé e os responsáveis pelos respectivos atos serão solidariamente condenados ao pagamento das despesas processuais, em honorários advocatícios e até o décuplo das custas, sem prejuízo da responsabilidade por perdas e danos.

Art. 14. *Da instrução da inicial.* Para instruir a inicial, o legitimado, sem prejuízo das prerrogativas do Ministério Público, poderá requerer às autoridades competentes as certidões e informações que julgar necessárias.

§ 1º As certidões e informações deverão ser fornecidas dentro de 15 (quinze) dias da entrega, sob recibo, dos respectivos requerimentos, e só poderão ser utilizadas para a instrução da ação coletiva.

§ 2º Somente nos casos em que o sigilo for exigido para a defesa da intimidade ou do interesse social poderá ser negada a certidão ou informação.

§ 3º Ocorrendo a hipótese do parágrafo anterior, a ação poderá ser proposta desacompanhada das certidões ou informações negadas, cabendo ao juiz, após apreciar os motivos do indeferimento, requisitá--las; feita a requisição, o processo correrá em segredo de justiça.

Art. 15. *Pedido.* O juiz permitirá, até a decisão saneadora, a ampliação ou adaptação do objeto do processo, desde que, realizada de boa-fé, não represente prejuízo injustificado à parte contrária, à celeridade e ao bom andamento do processo e o contraditório seja preservado.

Art 16. *Contraditório para as medidas antecipatórias.* Para a concessão de liminar ou de tutela antecipada nas ações coletivas, o juiz poderá ouvir, se entender conveniente e não houver prejuízo para a efetividade da medida, a parte contrária, que deverá se pronunciar no prazo de 72 (setenta e duas) horas.

Art. 17. *Efeitos da citação.* A citação válida para a ação coletiva interrompe o prazo de prescrição das pretensões individuais e transindividuais relacionadas com a controvérsia, retroagindo o efeito à data da propositura da demanda.

Art. 18. *Audiência preliminar.* Encerrada a fase postulatória, o juiz designará audiência preliminar, à qual comparecerão as partes ou seus procuradores, habilitados a transigir.

§ 1º O juiz ouvirá as partes sobre os motivos e fundamentos da demanda e tentará a conciliação, sem prejuízo de sugerir outras formas adequadas de solução do conflito, como a mediação, a arbitragem e a avaliação neutra de terceiro.

§ 2º A avaliação neutra de terceiro, de confiança das partes, obtida no prazo fixado pelo juiz, é sigilosa, inclusive para esse, e não vinculante para as partes, sendo sua finalidade exclusiva a de orientá-las na tentativa de composição amigável do conflito.

§ 3º Preservada a indisponibilidade do bem jurídico coletivo, as partes poderão transigir sobre o modo de cumprimento da obrigação.

§ 4º Obtida a transação, será homologada por sentença, que constituirá título executivo judicial.

§ 5º Não obtida a conciliação, sendo ela parcial, ou quando, por qualquer motivo, não for adotado outro meio de solução do conflito, o juiz, fundamentadamente:

I — decidirá se a ação tem condições de prosseguir na forma coletiva, certificando-a como coletiva;

II — poderá separar os pedidos em ações coletivas distintas, voltadas à tutela, respectivamente, dos interesses ou direitos difusos, coletivos e individuais homogêneos, desde que a separação represente economia processual ou facilite a condução do processo;

III — fixará os pontos controvertidos, decidirá as questões processuais pendentes e determinará as provas a serem produzidas, designando audiência de instrução e julgamento, se for o caso;

IV — esclarecerá os encargos das partes quanto à distribuição do ônus da prova, de acordo com o disposto no § 1º do artigo seguinte.

CAPÍTULO V
Da prova

Art. 19. *Provas.* São admissíveis em juízo todos os meios de prova, desde que obtidos por meios lícitos, incluindo a prova estatística ou por amostragem.

§ 1º O ônus da prova incumbe à parte que detiver conhecimentos técnicos ou informações específicas sobre os fatos, ou maior facilidade em sua demonstração, cabendo ao juiz deliberar sobre a distribuição do ônus da prova por ocasião da decisão saneadora.

§ 2º Durante a fase instrutória, surgindo modificação de fato ou de direito relevante para o julgamento da causa, o juiz poderá rever, em decisão motivada, a distribuição do ônus da prova, concedendo à parte a quem for atribuída a incumbência prazo razoável para a produção da prova, observado o contraditório em relação à parte contrária.

§ 3º O juiz poderá determinar de ofício a produção de provas, observado o contraditório.

CAPÍTULO VI
Do julgamento, do recurso e da coisa julgada

Art. 20. *Motivação das decisões judiciárias.* Todas as decisões deverão ser especificamente fundamentadas, especialmente quanto aos conceitos jurídicos indeterminados.

Parágrafo único. Na sentença de improcedência, o juiz deverá explicitar, no dispositivo, se rejeita a demanda por insuficiência de provas.

Art. 21. *Efeitos do recurso da sentença.* O recurso interposto contra a sentença tem efeito meramente devolutivo, salvo quando a fundamentação for relevante e puder resultar à parte lesão grave e de difícil reparação, hipótese em que o juiz pode atribuir ao recurso efeito suspensivo.

Art. 22. *Coisa julgada.* Nas ações coletivas a sentença fará coisa julgada *erga omnes*, salvo quando o pedido for julgado improcedente por insuficiência de provas.

§ 1º Os efeitos da coisa julgada para a defesa de interesses difusos e coletivos em sentido estrito ficam adstritos ao plano coletivo, não prejudicando interesses e direitos individuais homogêneos reflexos.

§ 2º Os efeitos da coisa julgada em relação aos interesses ou direitos difusos e coletivos não prejudicarão as ações de indenização por danos pessoalmente sofridos, propostas coletiva ou individualmente, mas, se procedente o pedido, beneficiarão as vítimas e seus sucessores, que poderão proceder à liquidação e à execução, nos termos do art. 37 e seguintes.

§ 3º Na hipótese dos interesses ou direitos individuais homogêneos, apenas não estarão vinculados ao pronunciamento coletivo os titulares de interesses ou direitos que tiverem exercido tempestiva e regularmente o direito de ação ou exclusão.

§ 4º A competência territorial do órgão julgador não representará limitação para a coisa julgada *erga omnes*.

CAPÍTULO VII
Das obrigações específicas

Art. 23. *Obrigações de fazer e não fazer.* Na ação que tenha por objeto o cumprimento da obrigação de fazer ou não fazer, o juiz concederá a tutela específica da obrigação ou determinará providências que assegurem o resultado prático equivalente ao do adimplemento.

§ 1º O juiz poderá, na hipótese de antecipação de tutela ou na sentença, impor multa diária ao demandado, independentemente de pedido do autor, se for suficiente ou compatível com a obrigação, fixando prazo razoável para o cumprimento do preceito.

§ 2º O juiz poderá, de ofício, modificar o valor ou a periodicidade da multa, caso verifique que se tornou insuficiente ou excessiva.

§ 3º Para a tutela específica ou para a obtenção do resultado prático equivalente, poderá o juiz determinar as medidas necessárias, tais como busca e apreensão, remoção de coisas e pessoas, desfazimento de obra, impedimento de atividade nociva, além da requisição de força policial.

§ 4º A conversão da obrigação em perdas e danos somente será admissível se por elas optar o autor ou se impossível a tutela específica ou a obtenção do resultado prático correspondente.

§ 5º A indenização por perdas e danos se fará sem prejuízo da multa.

Art. 24. *Obrigações de dar.* Na ação que tenha por objeto a obrigação de entregar coisa, determinada ou indeterminada, aplicam-se, no que couber, as disposições do artigo anterior.

Art. 25. *Ação indenizatória.* Na ação condenatória à reparação dos danos provocados ao bem indivisivelmente considerado, a indenização reverterá ao Fundo dos Direitos Difusos, Coletivos e Individuais Homogêneos, de natureza federal ou estadual, de acordo com o bem ou interesse afetado.

§ 1º Dependendo da especificidade do bem jurídico afetado, da extensão territorial abrangida e de outras circunstâncias consideradas relevantes, o juiz poderá especificar, em decisão fundamentada, a destinação da indenização e as providências a serem tomadas para a reconstituição dos bens lesados, podendo indicar a realização de atividades tendentes a minimizar a lesão ou a evitar que se repita, dentre outras que beneficiem o bem jurídico prejudicado.

§ 2º A decisão que especificar a destinação da indenização indicará, de modo claro e preciso, as medidas a serem tomadas pelo Conselho Gestor do Fundo, bem como um prazo razoável para que tais medidas sejam concretizadas.

§ 3º Vencido o prazo fixado pelo juiz, o Conselho Gestor do Fundo apresentará relatório das atividades realizadas, facultada, conforme o caso, a solicitação de sua prorrogação, para completar as medidas determinadas na decisão judicial.

§ 4º Aplica-se ao descumprimento injustificado dos §§ 2º e 3º o disposto no § 2º do art. 29.

CAPÍTULO VIII
Da liquidação e da execução

Art. 26. *Legitimação à liquidação e execução da sentença condenatória.* Decorridos 60 (sessenta) dias da passagem em julgado da sentença de procedência, sem que o autor da ação coletiva promova a liquidação ou execução coletiva, deverá fazê-lo o Ministério Público, quando se tratar de interesse público, facultada igual iniciativa, em todos os casos, aos demais legitimados.

Art. 27. *Execução definitiva e execução provisória.* A execução é definitiva quando passada em julgado a sentença; e provisória, na pendência dos recursos cabíveis.

§ 1º A execução provisória corre por conta e risco do exequente, que responde pelos prejuízos causados ao executado, em caso de reforma da sentença recorrida.

§ 2º A execução provisória não impede a prática de atos que importem em alienação do domínio ou levantamento do depósito em dinheiro.

§ 3º A pedido do executado, o juiz pode suspender a execução provisória quando dela puder resultar lesão grave e de difícil reparação.

CAPÍTULO IX
Do cadastro nacional de processos coletivos e do
Fundo de Direitos Difusos, Coletivos e Individuais Homogêneos

Art. 28. *Cadastro nacional de processos coletivos.* O Conselho Nacional de Justiça organizará e manterá o cadastro nacional de processos coletivos, com a finalidade de permitir que todos os órgãos do Poder Judiciário e todos os interessados tenham conhecimento da existência das ações coletivas, facilitando a sua publicidade e o exercício do direito de exclusão.

§ 1º Os órgãos judiciários aos quais forem distribuídas ações coletivas remeterão, no prazo de dez dias, cópia da petição inicial ao cadastro nacional de processos coletivos.

§ 2º O Conselho Nacional de Justiça editará regulamento dispondo sobre o funcionamento do cadastro nacional de processos coletivos, em especial a forma de comunicação pelos juízos quanto à existência das ações coletivas e aos atos processuais mais relevantes, como a concessão de antecipação de tutela, a sentença e o trânsito em julgado; disciplinará, ainda, sobre os meios adequados a viabilizar o acesso aos dados e o acompanhamento daquelas por qualquer interessado.

Art. 29. *Fundo dos Direitos Difusos, Coletivos e Individuais Homogêneos.* O fundo será administrado por um Conselho Federal ou por Conselhos Estaduais, de que participarão necessariamente membros do Ministério Público, juízes e representantes da comunidade, sendo seus recursos destinados à reconstituição dos bens lesados ou, não sendo possível, à realização de atividades tendentes a minimizar a lesão ou a evitar que se repita, dentre outras que beneficiem o bem jurídico prejudicado.

§ 1º Além da indenização oriunda de sentença condenatória, nos termos do disposto no caput do art. 25, constituem também receitas do Fundo o produto da arrecadação de multas judiciais e da indenização devida quando não for possível o cumprimento da obrigação pactuada em termo de ajustamento de conduta.

§ 2º O representante legal do Fundo, considerado servidor público para efeitos legais, responderá por sua atuação nas esferas administrativa, penal e civil.

§ 3º O Fundo será notificado da propositura de toda ação coletiva e da decisão final do processo.

§ 4º O Fundo manterá e divulgará registros que especifiquem a origem e a destinação dos recursos e indicará a variedade dos bens jurídicos a serem tutelados e seu âmbito regional.

§ 5º Semestralmente, o Fundo dará publicidade às suas demonstrações financeiras e atividades desenvolvidas.

PARTE II — DAS AÇÕES COLETIVAS PARA A DEFESA DOS DIREITOS OU INTERESSES INDIVIDUAIS HOMOGÊNEOS

Art. 30. *Da ação coletiva para a defesa dos direitos ou interesses individuais homogêneos.* Para a tutela dos interesses ou direitos individuais homogêneos, além dos requisitos indicados no art. 8º deste Código, é necessária a aferição da predominância das questões comuns sobre as individuais e da utilidade da tutela coletiva no caso concreto.

Art. 31. *Determinação dos interessados.* A determinação dos interessados poderá ocorrer no momento da liquidação ou execução do julgado, não havendo necessidade de a petição inicial estar acompanhada da relação dos membros do grupo, classe ou categoria. Conforme o caso, poderá o juiz determinar, ao réu ou a terceiro, a apresentação da relação e dados de pessoas que se enquadram no grupo, categoria ou classe.

Art. 32. *Citação e notificações.* Estando em termos a petição inicial, o juiz ordenará a citação do réu, a publicação de edital no órgão oficial e a comunicação dos interessados, titulares dos direitos ou interesses individuais homogêneos objeto da ação coletiva, para que possam exercer no prazo fixado seu direito de exclusão em relação ao processo coletivo, sem prejuízo de ampla divulgação pelos meios de comunicação social.

§ 1º Não sendo fixado pelo juiz o prazo acima mencionado, o direito de exclusão poderá ser exercido até a publicação da sentença no processo coletivo.

§ 2º A comunicação prevista no *caput* poderá ser feita pelo correio, por oficial de justiça, por edital ou por inserção em outro meio de comunicação ou informação, como contracheque, conta, fatura, extrato bancário e outros, sem obrigatoriedade de identificação nominal dos destinatários, que poderão ser caracterizados enquanto titulares dos mencionados interesses, fazendo-se referência à ação e às partes, bem como ao pedido e à causa de pedir, observado o critério da modicidade do custo.

Art. 33. *Relação entre ação coletiva e ações individuais.* O ajuizamento ou prosseguimento da ação individual versando sobre direito ou interesse que esteja sendo objeto de ação coletiva pressupõe a exclusão tempestiva e regular desta.

§ 1º O ajuizamento da ação coletiva ensejará a suspensão, por trinta dias, a contar da ciência efetiva desta, dos processos individuais em tramitação que versem sobre direito ou interesse que esteja sendo objeto no processo coletivo.

§ 2º Dentro do prazo previsto no parágrafo anterior, os autores das ações individuais poderão requerer, nos autos do processo individual, sob pena de extinção sem julgamento do mérito, que os efeitos das decisões proferidas na ação coletiva não lhes sejam aplicáveis, optando, assim, pelo prosseguimento do processo individual.

§ 3º Os interessados que, quando da comunicação, não possuírem ação individual ajuizada e não desejarem ser alcançados pelos efeitos das decisões proferidas na ação coletiva poderão optar entre o requerimento de exclusão ou o ajuizamento da ação individual no prazo assinalado, hipótese que equivalerá à manifestação expressa de exclusão.

§ 4º Não tendo o juiz deliberado acerca da forma de exclusão, esta ocorrerá mediante simples manifestação dirigida ao juiz do respectivo processo coletivo ou ao órgão incumbido de realizar a nível nacional o registro das ações coletivas, que poderão se utilizar eventualmente de sistema integrado de protocolo.

§ 5º O requerimento de exclusão, devida e tempestivamente protocolizado, consistirá em documento indispensável para a propositura de ulterior demanda individual.

Art. 34. *Assistência.* Os titulares dos direitos ou interesses individuais homogêneos poderão intervir no processo como assistentes, sendo-lhes vedado discutir suas pretensões individuais no processo coletivo de conhecimento.

Art. 35. *Efeitos da transação.* As partes poderão transacionar, ressalvada aos membros do grupo, categoria ou classe a faculdade de se desvincularem da transação, dentro do prazo fixado pelo juiz.

Parágrafo único. Os titulares dos direitos ou interesses individuais homogêneos serão comunicados, nos termos do art. 32, para que possam exercer o seu direito de exclusão, em prazo não inferior a 60 (sessenta) dias.

Art. 36. *Sentença condenatória.* Sempre que possível, em caso de procedência do pedido, o juiz fixará na sentença do processo coletivo o valor da indenização individual devida a cada membro do grupo, categoria ou classe.

§ 1º Quando o valor dos danos sofridos pelos membros do grupo, categoria ou classe for uniforme, prevalentemente uniforme ou puder ser reduzido a uma fórmula matemática, a sentença coletiva indicará o valor ou a fórmula do cálculo da indenização individual.

§ 2º Não sendo possível a prolação de sentença coletiva líquida, a condenação poderá ser genérica, fixando a responsabilidade do demandado pelos danos causados e o dever de indenizar.

Art. 37. *Competência para a liquidação e a execução.* É competente para a liquidação e a execução o juízo:

I — da ação condenatória, quando coletiva a liquidação ou a execução;

II — do domicílio do demandado ou do demandante individual, no caso de liquidação ou execução individual.

Art. 38. *Liquidação e execução coletivas.* Sempre que possível, a liquidação e a execução serão coletivas, sendo promovidas pelos legitimados à ação coletiva.

Art. 39. *Pagamento.* Quando a execução for coletiva, os valores destinados ao pagamento das indenizações individuais serão depositados em instituição bancária oficial, abrindo-se conta remunerada e individualizada para cada beneficiário; os respectivos saques, sem expedição de alvará, reger-se-ão pelas normas aplicáveis aos depósitos bancários e estarão sujeitos à retenção de imposto de renda na fonte, nos termos da lei.

Art. 40. *Liquidação e execução individuais.* Quando não for possível a liquidação coletiva, a fixação dos danos e respectiva execução poderão ser promovidas individualmente.

§ 1º Na liquidação de sentença, caberá ao liquidante provar, tão só, o dano pessoal, o nexo de causalidade e o montante da indenização.

§ 2º Decorrido o prazo de um ano sem que tenha sido promovido um número de liquidações individuais compatível com a gravidade do dano, poderão os legitimados coletivos promover a liquidação e a execução coletiva da indenização devida pelos danos causados, hipótese em que:

I — O prazo previsto neste parágrafo prevalece sobre os prazos prescricionais aplicáveis à execução da sentença;

136

II — O valor da indenização será fixado de acordo com o dano globalmente causado, que será demonstrado por todas as provas admitidas em direito. Sendo a produção de provas difícil ou impossível, em razão da extensão do dano ou de sua complexidade, o valor da indenização será fixado por arbitramento;

III — Quando não for possível a identificação dos interessados, o produto da indenização reverterá para o Fundo dos Direitos Difusos, Coletivos e Individuais Homogêneos.

Art. 41. *Concurso de créditos.* Em caso de concurso de créditos decorrentes de condenação de que trata o art. 25 e de indenizações pelos prejuízos individuais resultantes do mesmo evento danoso, estes terão preferência no pagamento.

Parágrafo único. Para efeito do disposto neste artigo, a destinação da importância recolhida ao Fundo ficará sustada enquanto pendentes de decisão de segundo grau as ações de indenização pelos danos individuais, salvo na hipótese de o patrimônio do devedor ser manifestamente suficiente para responder pela integralidade das dívidas.

PARTE III — DA AÇÃO COLETIVA PASSIVA

Art. 42. *Ação contra o grupo, categoria ou classe.* Qualquer espécie de ação pode ser proposta contra uma coletividade organizada ou que tenha representante adequado, nos termos do § 1º do art. 8º, e desde que o bem jurídico a ser tutelado seja transindividual (art. 2º.) e se revista de interesse social.

Art. 43. *Coisa julgada passiva.* A coisa julgada atuará *erga omnes*, vinculando os membros do grupo, categoria ou classe.

Art. 44. *Aplicação complementar à ação coletiva passiva.* Aplica-se complementarmente à ação coletiva passiva o disposto neste código quanto à ação coletiva ativa, no que não for incompatível.

PARTE IV — PROCEDIMENTOS ESPECIAIS

CAPÍTULO I
Do mandado de segurança coletivo

Art. 45. *Cabimento.* Conceder-se-á mandado de segurança coletivo, nos termos dos incisos LXIX e LXX do art. 5º da Constituição Federal, para proteger direito líquido e certo relativo a interesses ou direitos difusos, coletivos ou individuais homogêneos (art. 2º).

Art. 46. *Disposições aplicáveis.* Aplica-se ao mandado de segurança coletivo o disposto neste código, inclusive no tocante às custas e honorários (art. 16), e na Lei n. 1.533/51, no que não for incompatível.

CAPÍTULO II
Do mandado de injunção coletivo

Art. 47. *Cabimento.* Conceder-se-á mandado de injunção coletivo sempre que a falta de norma regulamentadora torne inviável o exercício dos direitos e liberdades constitucionais e das prerrogativas inerentes à nacionalidade, à soberania, à cidadania, relativamente a direitos ou interesses difusos, coletivos e individuais homogêneos.

Art. 48. *Competência.* É competente para processar e julgar o mandado de injunção coletivo:

I — o Supremo Tribunal Federal, quando a elaboração da norma regulamentadora for atribuição do Presidente da República, do Congresso Nacional, da Câmara dos Deputados, do Senado Federal, da Mesa de uma dessas Casas Legislativas, do Tribunal de Contas da União, de um dos Tribunais Superiores, ou do próprio Supremo Tribunal Federal.

Parágrafo único. Compete também ao Supremo Tribunal Federal julgar, em recurso ordinário, o mandado de injunção decidido em única ou última instância pelos Tribunais Superiores, se denegatória a decisão.

II — o Superior Tribunal de Justiça, quando a elaboração da norma regulamentadora for atribuição de órgão, entidade ou autoridade federal, da administração direta ou indireta, excetuados os casos de competência do Supremo Tribunal Federal e dos órgãos da Justiça Militar, da Justiça Eleitoral, da Justiça do Trabalho e da Justiça Federal.

III — o Tribunal de Justiça dos Estados e do Distrito Federal, quando a elaboração da norma regulamentadora for atribuição de Governador, Assembleia Legislativa, Tribunal de Contas local, do próprio Tribunal de Justiça, de órgão, entidade ou autoridades estadual ou distrital, da administração direta ou indireta.

Art. 49. *Legitimação passiva.* O mandado de injunção coletivo será impetrado, em litisconsórcio obrigatório, em face da autoridade ou órgão público competente para a edição da norma regulamentadora; e ainda da pessoa física ou jurídica, de direito público ou privado, que, por inexistência de norma regulamentadora, impossibilite o exercício dos direitos e liberdades constitucionais relativos a interesses ou direitos difusos, coletivos ou individuais homogêneos.

Art. 50. *Edição superveniente da norma regulamentadora.* Se a norma regulamentadora for editada no curso do mandado de injunção coletivo, o órgão jurisdicional apurará acerca da existência ainda de matéria não regulada, referente a efeitos pretéritos do dispositivo constitucional tardiamente regulado, prosseguindo, se for a hipótese, para julgamento da parte remanescente.

§ 1º Dispondo a norma regulamentadora editada no curso do mandado de injunção coletivo inclusive quanto ao período em que se verificara a omissão legislativa constitucionalmente relevante, o processo será extinto sem julgamento do mérito, nos termos do art. 267, VI do Código de Processo Civil, ficando o autor coletivo dispensando do pagamento de custas, despesas e honorários advocatícios.

§ 2º A norma regulamentadora, editada após o ajuizamento do mandado de injunção coletivo, respeitará os efeitos de eventual decisão judicial provisória ou definitiva proferida, mas será aplicada às projeções futuras da relação jurídica objeto de apreciação jurisdicional.

Art. 51. *Sentença.* A sentença que conceder o mandado de injunção coletivo:

I — comunicará a caracterização da mora legislativa constitucionalmente qualificada ao Poder competente, para a adoção, no prazo que fixar, das providências necessárias;

II — formulará, com base na equidade, a norma regulamentadora e, no mesmo julgamento, a aplicará ao caso concreto, determinando as obrigações a serem cumpridas pelo legitimado passivo para o efetivo exercício das liberdades e prerrogativas constitucionais dos integrantes do grupo, categoria ou classe.

§ 1º A parcela do dispositivo que se revista do conteúdo previsto no inciso II se prolata sob condição suspensiva, a saber, transcurso *in albis* do prazo assinalado a teor do inciso I, para superação da omissão legislativa constitucionalmente relevante reconhecida como havida.

§ 2º Na sentença, o juiz poderá fixar multa diária para o réu que incida, eventualmente, em descumprimento da norma regulamentadora aplicada ao caso concreto, independentemente do pedido do autor.

Art. 52. *Disposições aplicáveis.* Aplica-se ao mandado de injunção coletivo o disposto neste código, inclusive no tocante às custas e honorários (art. 16), quando compatível.

CAPÍTULO III
Da ação popular

Art. 53. *Disposições aplicáveis.* Aplica-se à ação popular o disposto na Lei n. 4.717/65, bem como o previsto neste código, no que for compatível.

CAPÍTULO IV
Da ação de improbidade administrativa

Art. 54. *Disposições aplicáveis.* Aplica-se à ação de improbidade administrativa o disposto na Lei n. 8.429/92, bem como o previsto neste código, no que for compatível.

PARTE V — DISPOSIÇÕES FINAIS

Art. 55. *Princípios de interpretação.* Este código será interpretado de forma aberta e flexível, compatível com a tutela coletiva dos interesses e direitos de que trata.

Art. 56. *Aplicação subsidiária do Código de Processo Civil.* Aplicam-se subsidiariamente às ações coletivas, no que não forem incompatíveis, as disposições do Código de Processo Civil.

Art. 57. *Nova redação.* Dê-se nova redação aos artigos de leis abaixo indicados:

a) o inciso VIII do art. 6º da Lei n. 8.078/90 passa a ter a seguinte redação:

Art. 6º, inciso VIII — a facilitação da defesa dos seus direitos, incumbindo o ônus da prova à parte que detiver conhecimentos técnicos ou informações sobre os fatos, ou maior facilidade em sua demonstração.

b) o art. 80 da Lei n. 10.741/2003 passa a ter a seguinte redação:

Art. 80. As ações individuais movidas pelo idoso poderão ser propostas no foro do seu domicílio.

Art. 58. *Revogação.* Revogam-se a Lei n. 7.347, de 24 de julho de 1985; os arts. 81 a 104 da Lei n. 8.078/ 90, de 11 de setembro de 1990; o § 3º do art. 5ºda Lei n. 4.717, de 29 de junho de 1965; os arts. 3º, 4º, 5º, 6º e 7º da Lei n. 7.853, de 24 de outubro de 1989; o art. 3º da Lei n. 7.913, de 7 de dezembro de 1989; os arts. 210, 211, 212, 213, 215, 217, 218, 219, 222, 223 e 224 da Lei n. 8.069, de 13 de junho de 1990; o art. 2º-A da Lei n. 9.494, de 10 de setembro de 1997; e os arts. 81, 82, 83, 85, 91, 92 e 93 da Lei n. 10.741, de 1º de outubro de 2003.

Art. 59. *Instalação dos órgãos especializados.* A União, no prazo de um ano, a contar da publicação deste código, e os Estados criarão e instalarão órgãos especializados, em primeira e segunda instância, para o processamento e julgamento de ações coletivas.

Art. 60. *Vigência.* Este código entrará em vigor dentro de um ano a contar de sua publicação.

Agosto de 2005.

ANEXO B

PROJETO DE LEI N. 5.139/2009

PROJETO DE LEI N. 5.139/2009

> Disciplina a ação civil pública para a tutela de interesses difusos, coletivos ou individuais homogêneos, e dá outras providências.

O CONGRESSO NACIONAL decreta:

CAPÍTULO I
Das disposições gerais

Art. 1º Regem-se pelas disposições desta Lei as ações civis públicas destinadas à proteção:

I — do meio ambiente, da saúde, da educação, do trabalho, do desporto, da segurança pública, dos transportes coletivos, da assistência jurídica integral e da prestação de serviços públicos;

II — do consumidor, do idoso, da infância e juventude e das pessoas portadoras de deficiência;

III — da ordem social, econômica, urbanística, financeira, da economia popular, da livre concorrência, do patrimônio público e do erário;

IV — dos bens e direitos de valor artístico, cultural, estético, histórico, turístico e paisagístico; e

V — de outros interesses ou direitos difusos, coletivos ou individuais homogêneos.

§ 1º Não será cabível ação civil pública para veicular pretensões que envolvam tributos, concessão, revisão ou reajuste de benefícios previdenciários ou assistenciais, contribuições previdenciárias, o Fundo de Garantia do Tempo de Serviço — FGTS ou outros fundos de natureza institucional cujos beneficiários podem ser individualmente determinados.

§ 2º Aplicam-se as disposições desta Lei às ações coletivas destinadas à proteção de interesses ou direitos difusos, coletivos ou individuais homogêneos.

Art. 2º A tutela coletiva abrange os interesses ou direitos:

I — difusos, assim entendidos os transindividuais, de natureza indivisível, de que sejam titulares pessoas indeterminadas, ligadas por circunstâncias de fato;

II — coletivos em sentido estrito, assim entendidos os transindividuais, de natureza indivisível, de que seja titular grupo, categoria ou classe de pessoas ligadas entre si ou com a parte contrária por uma relação jurídica base; e

III — individuais homogêneos, assim entendidos aqueles decorrentes de origem comum, de fato ou de direito, que recomendem tutela conjunta a ser aferida por critérios como facilitação do acesso à Justiça, economia processual, preservação da isonomia processual, segurança jurídica ou dificuldade na formação do litisconsórcio.

§ 1º A tutela dos interesses ou direitos difusos, coletivos e individuais homogêneos presume-se de relevância social, política, econômica ou jurídica.

§ 2º A análise da constitucionalidade ou inconstitucionalidade de lei ou ato normativo poderá ser arguida incidentalmente, como questão prejudicial, pela via do controle difuso.

CAPÍTULO II
Dos princípios da tutela coletiva

Art. 3º O processo civil coletivo rege-se pelos seguintes princípios:

I — amplo acesso à justiça e participação social;

II — duração razoável do processo, com prioridade no seu processamento em todas as instâncias;

III — isonomia, economia processual, flexibilidade procedimental e máxima eficácia;

IV — tutela coletiva adequada, com efetiva precaução, prevenção e reparação dos danos materiais e morais, individuais e coletivos, bem como punição pelo enriquecimento ilícito;

V — motivação específica de todas as decisões judiciais, notadamente quanto aos conceitos indeterminados;

VI — publicidade e divulgação ampla dos atos processuais que interessem à comunidade;

VII — dever de colaboração de todos, inclusive pessoas jurídicas públicas e privadas, na produção das provas, no cumprimento das decisões judiciais e na efetividade da tutela coletiva;

VIII — exigência permanente de boa-fé, lealdade e responsabilidade das partes, dos procuradores e de todos aqueles que de qualquer forma participem do processo; e

IX — preferência da execução coletiva.

CAPÍTULO III
Dos pressupostos processuais e das condições da ação coletiva

Art. 4º É competente para a causa o foro do local onde ocorreu ou deva ocorrer o dano ou o ilícito, aplicando-se as regras da prevenção e da competência absoluta.

§ 1º Se a extensão do dano atingir a área da capital do Estado, será esta a competente; se também atingir a área do Distrito Federal será este o competente, concorrentemente com os foros das capitais atingidas.

§ 2º A extensão do dano será aferida, em princípio, conforme indicado na petição inicial.

§ 3º Havendo, no foro competente, juízos especializados em razão da matéria e juízos especializados em ações coletivas, aqueles prevalecerão sobre estes.

Art. 5º A distribuição de uma ação coletiva induzirá litispendência para as demais ações coletivas que tenham o mesmo pedido, causa de pedir e interessados e prevenirá a competência do juízo para todas as demais ações coletivas posteriormente intentadas que possuam a mesma causa de pedir ou o mesmo objeto, ainda que diferentes os legitimados coletivos, quando houver:

I — conexão, pela identidade de pedido ou causa de pedir, ainda que diferentes os legitimados;

II — conexão probatória; ou

III — continência, pela identidade de interessados e causa de pedir, quando o pedido de uma das ações for mais abrangente do que o das demais.

§ 1º Na análise da identidade da causa de pedir e do objeto, será preponderantemente considerado o bem jurídico a ser protegido.

§ 2º Na hipótese de litispendência, conexão ou continência entre ações coletivas que digam respeito ao mesmo bem jurídico, a reunião dos processos poderá ocorrer até o julgamento em primeiro grau.

§ 3º Iniciada a instrução, a reunião dos processos somente poderá ser determinada se não houver prejuízo para a duração razoável do processo.

Art. 6º São legitimados concorrentemente para propor a ação coletiva: I — o Ministério Público;

II — a Defensoria Pública;

III — a União, os Estados, o Distrito Federal, os Municípios e respectivas autarquias, fundações públicas, empresas públicas, sociedades de economia mista, bem como seus órgãos despersonalizados que tenham como finalidades institucionais a defesa dos interesses ou direitos difusos, coletivos ou individuais homogêneos;

IV — a Ordem dos Advogados do Brasil, inclusive as suas seções e subseções;

V — as entidades sindicais e de fiscalização do exercício das profissões, restritas à defesa dos interesses ou direitos difusos, coletivos e individuais homogêneos ligados à categoria;

VI — os partidos políticos com representação no Congresso Nacional, nas Assembleias Legislativas ou nas Câmaras Municipais, conforme o âmbito do objeto da demanda, a ser verificado quando do ajuizamento da ação; e

VII — as associações civis e as fundações de direito privado legalmente constituídas e em funcionamento há pelo menos um ano, para a defesa de interesses ou direitos relacionados com seus fins institucionais, dispensadas a autorização assemblear ou pessoal e a apresentação do rol nominal dos associados ou membros.

§ 1º O juiz poderá dispensar o requisito da pré-constituição de um ano das associações civis e das fundações de direito privado quando haja manifesto interesse social evidenciado pelas características do dano ou pela relevância do bem jurídico a ser protegido.

§ 2º O Ministério Público, se não intervier no processo como parte, atuará obrigatoriamente como fiscal da ordem jurídica.

§ 3º Admitir-se-á o litisconsórcio facultativo entre os legitimados, inclusive entre os ramos do Ministério Público e da Defensoria Pública.

§ 4º As pessoas jurídicas de direito público, cujos atos sejam objeto de impugnação, poderão abster-se de contestar o pedido, ou atuar ao lado do autor, desde que isso se afigure útil ao interesse público, a juízo do respectivo representante legal ou dirigente.

Art. 7º É vedada a intervenção de terceiros nas ações coletivas, ressalvada a possibilidade de qualquer legitimado coletivo habilitar-se como assistente litisconsorcial em qualquer dos polos da demanda.

§ 1º A apreciação do pedido de assistência far-se-á em autos apartados, sem suspensão do feito, salvo quando implicar deslocamento de competência, recebendo o interveniente o processo no estado em que se encontre.

§ 2º O juiz rejeitará liminarmente o pedido de habilitação como assistente do membro do grupo, na ação em defesa de interesses ou direitos individuais homogêneos, quando o interessado não demonstrar, de plano, razões de fato ou de direito que assegurem utilidade à tutela coletiva e justifiquem a sua intervenção, podendo o juiz limitar o número de assistentes, quando este comprometer o bom andamento e a duração razoável do processo.

§ 3º As pretensões individuais, na fase de conhecimento do processo coletivo, somente poderão ser discutidas e decididas de modo coletivo, facultando-se o agrupamento em subclasses ou grupos.

Art. 8º Ocorrendo desistência infundada, abandono da ação coletiva ou não interposição do recurso de apelação, no caso de sentença de extinção do processo ou de improcedência do pedido, serão intimados pessoalmente o Ministério Público e, quando for o caso, a Defensoria Pública, sem prejuízo de ampla divulgação pelos meios de comunicação social, podendo qualquer legitimado assumir a titularidade, no prazo de quinze dias.

Art. 9º Não haverá extinção do processo coletivo, por ausência das condições da ação ou pressupostos processuais, sem que seja dada oportunidade de correção do vício em qualquer tempo ou grau de jurisdição ordinária ou extraordinária, inclusive com a substituição do autor coletivo, quando serão intimados pessoalmente o Ministério Público e, quando for o caso, a Defensoria Pública, sem prejuízo de ampla divulgação pelos meios de comunicação social, podendo qualquer legitimado adotar as providências cabíveis, em prazo razoável, a ser fixado pelo juiz.

CAPÍTULO IV
Do procedimento

Art. 10. A ação coletiva de conhecimento seguirá o rito ordinário estabelecido na Lei n. 5.869, de 11 de janeiro de 1973 — Código de Processo Civil, obedecidas as modificações previstas nesta Lei.

§ 1º Até o momento da prolação da sentença, o juiz poderá adequar as fases e atos processuais às especificidades do conflito, de modo a conferir maior efetividade à tutela do bem jurídico coletivo, garantido o contraditório e a ampla defesa.

§ 2º A inicial deverá ser instruída com comprovante de consulta ao cadastro nacional de processos coletivos, de que trata o *caput* do art. 53 desta Lei, sobre a inexistência de ação coletiva que verse sobre bem jurídico correspondente.

§ 3º Incumbe à serventia judicial verificar a informação constante da consulta, certificando nos autos antes da conclusão ao juiz.

Art. 11. Nas ações coletivas, para instruir a inicial o interessado poderá requerer de qualquer pessoa, física ou jurídica, indicando a finalidade, as certidões e informações que julgar necessárias, a serem fornecidas no prazo de quinze dias.

§ 1º Não fornecidas as certidões e informações referidas no *caput*, poderá a parte propor a ação desacompanhada destas, facultado ao juiz, após apreciar os motivos do não fornecimento, requisitá-las.

§ 2º A recusa, o retardamento ou a omissão, injustificados, de dados técnicos ou informações indispensáveis à propositura da ação coletiva, quando requisitados pelo juiz, implicará o pagamento de multa de dez a cem salários mínimos.

Art. 12. Sendo inestimável o valor dos direitos ou danos coletivos, o valor da causa será indicado pelo autor, segundo critério de razoabilidade, com a fixação em definitivo pelo juiz em saneamento ou na sentença.

Art. 13. Estando em termos a petição inicial, o juiz ordenará a citação do réu e, em se tratando de interesses ou direitos individuais homogêneos, a intimação do Ministério Público e da Defensoria Pública, bem como a comunicação dos interessados, titulares dos respectivos interesses ou direitos objeto da ação coletiva, para que possam exercer, até a publicação da sentença, o seu direito de exclusão em relação ao processo coletivo, sem prejuízo de ampla divulgação pelos meios de comunicação social.

Parágrafo único. A comunicação dos membros do grupo, prevista no *caput*, poderá ser feita pelo correio, inclusive eletrônico, por oficial de justiça ou por inserção em outro meio de comunicação ou informação, como contracheque, conta, fatura, extrato bancário e outros, sem obrigatoriedade de identificação nominal dos destinatários, que poderão ser caracterizados enquanto titulares dos mencionados interesses ou direitos, fazendo-se referência à ação, às partes, ao pedido e à causa de pedir, observado o critério da modicidade do custo.

Art. 14. O juiz fixará o prazo para a resposta nas ações coletivas, que não poderá ser inferior a quinze ou superior a sessenta dias, atendendo à complexidade da causa ou ao número de litigantes.

Parágrafo único. À Fazenda Pública aplicam-se os prazos previstos na Lei n. 5.869, de 1973 — Código de Processo Civil.

Art. 15. A citação válida nas ações coletivas interrompe o prazo de prescrição das pretensões individuais direta ou indiretamente relacionadas com a controvérsia, desde a distribuição até o final do processo coletivo, ainda que haja extinção do processo sem resolução do mérito.

Art. 16. Nas ações coletivas, a requerimento do autor, até o momento da prolação da sentença, o juiz poderá permitir a alteração do pedido ou da causa de pedir, desde que realizada de boa-fé e que não importe em prejuízo para a parte contrária, devendo ser preservado o contraditório, mediante possibilidade de manifestação do réu no prazo mínimo de quinze dias, facultada prova complementar.

Art. 17. Sendo relevante o fundamento da demanda e havendo justificado receio de ineficácia do provimento final, o juiz poderá, independentemente de pedido do autor, antecipar, total ou parcialmente, os efeitos da tutela pretendida.

§ 1º Atendidos os requisitos do *caput*, a tutela poderá ser antecipada sem audiência da parte contrária, em medida liminar ou após justificação prévia.

§ 2º A tutela antecipada também poderá ser concedida após a resposta do réu, durante ou depois da instrução probatória, se o juiz se convencer de que há abuso do direito de defesa, manifesto propósito protelatório ou quando houver parcela incontroversa do pedido.

§ 3º A multa cominada liminarmente será devida desde o dia em que se houver configurado o descumprimento e poderá ser exigida de forma imediata, em autos apartados, por meio de execução definitiva.

Art. 18. Se não houver necessidade de audiência de instrução e julgamento, de acordo com a natureza do pedido e as provas documentais apresentadas pelas partes ou requisitadas pelo juiz, observado o contraditório, simultâneo ou sucessivo, a lide será julgada imediatamente.

Art. 19. Não sendo o caso de julgamento antecipado, encerrada a fase postulatória, o juiz designará audiência preliminar, à qual comparecerão as partes ou seus procuradores, habilitados a transigir.

§ 1º O juiz ouvirá as partes sobre os motivos e fundamentos da demanda e tentará a conciliação, sem prejuízo de outras formas adequadas de solução do conflito, como a mediação, a arbitragem e a avaliação neutra de terceiro, observada a natureza disponível do direito em discussão.

§ 2º A avaliação neutra de terceiro, de confiança das partes, obtida no prazo fixado pelo juiz, é sigilosa, inclusive para este, e não vinculante para as partes, tendo por finalidade exclusiva orientá-las na tentativa de composição amigável do conflito.

§ 3º Quando indisponível o bem jurídico coletivo, as partes poderão transigir sobre o modo de cumprimento da obrigação.

§ 4º Obtida a transação, será ela homologada por sentença, que constituirá título executivo judicial.

Art. 20. Não obtida a conciliação ou quando, por qualquer motivo, não for utilizado outro meio de solução do conflito, o juiz, fundamentadamente:

I — decidirá se o processo tem condições de prosseguir na forma coletiva;

II — poderá separar os pedidos em ações coletivas distintas, voltadas à tutela dos interesses ou direitos difusos e coletivos, de um lado, e dos individuais homogêneos, do outro, desde que a separação represente economia processual ou facilite a condução do processo;

III — fixará os pontos controvertidos, decidirá as questões processuais pendentes e determinará as provas a serem produzidas;

IV — distribuirá a responsabilidade pela produção da prova, levando em conta os conhecimentos técnicos ou informações específicas sobre os fatos detidos pelas partes ou segundo a maior facilidade em sua demonstração;

V — poderá ainda distribuir essa responsabilidade segundo os critérios previamente ajustados pelas partes, desde que esse acordo não torne excessivamente difícil a defesa do direito de uma delas;

VI — poderá, a todo momento, rever o critério de distribuição da responsabilidade da produção da prova, diante de fatos novos, observado o contraditório e a ampla defesa;

VII — esclarecerá as partes sobre a distribuição do ônus da prova; e

VIII — poderá determinar de ofício a produção de provas, observado o contraditório.

Art. 21. Em sendo necessária a realização de prova pericial requerida pelo legitimado ou determinada de ofício, o juiz nomeará perito.

Parágrafo único. Não havendo servidor do Poder Judiciário apto a desempenhar a função pericial, competirá a este Poder remunerar o trabalho do perito, após a devida requisição judicial.

Art. 22. Em qualquer tempo e grau do procedimento, o juiz ou tribunal poderá submeter a questão objeto da ação coletiva a audiências públicas, ouvindo especialistas no assunto e membros da sociedade, de modo a garantir a mais ampla participação social possível e a adequada cognição judicial.

CAPÍTULO V
Das técnicas de tutela coletiva

Art. 23. Para a defesa dos direitos e interesses protegidos por esta Lei, são admissíveis todas as espécies de ações e provimentos capazes de propiciar sua adequada e efetiva tutela.

Art. 24. Na ação que tenha por objeto a imposição de conduta de fazer, não fazer, ou de entregar coisa, o juiz determinará a prestação ou a abstenção devida, bem como a cessação da atividade nociva, em prazo razoável, sob pena de cominação de multa e de outras medidas indutivas, coercitivas e sub-rogatórias, independentemente de requerimento do autor.

§ 1º A conversão em perdas e danos somente será admissível se inviável a tutela específica ou a obtenção do resultado prático correspondente e, no caso de interesses ou direitos coletivos ou individuais homogêneos, se houver interesse do grupo titular do direito.

§ 2º A indenização por perdas e danos far-se-á sem prejuízo da multa, quando cabível.

Art. 25. Na ação reparatória dos danos provocados ao bem indivisivelmente considerado, sempre que possível e independentemente de pedido do autor, a condenação consistirá na prestação de obrigações específicas, destinadas à reconstituição do bem, mitigação e compensação do dano sofrido.

Parágrafo único. Dependendo das características dos bens jurídicos afetados, da extensão territorial abrangida e de outras circunstâncias, o juiz poderá determinar, em decisão fundamentada e independentemente do pedido do autor, as providências a serem tomadas para a reconstituição dos bens lesados, podendo indicar, entre outras, a realização de atividades tendentes a minimizar a lesão ou a evitar que se repita.

Art. 26. Na ação que tenha por objeto a condenação ao pagamento de quantia em dinheiro, deverá o juiz, sempre que possível, em se tratando de valores a serem individualmente pagos aos prejudicados ou de valores devidos coletivamente, impor a satisfação desta prestação de ofício e independentemente de execução, valendo-se da imposição de multa e de outras medidas indutivas, coercitivas e sub--rogatórias.

Art. 27. Em razão da gravidade do dano coletivo e da relevância do bem jurídico tutelado e havendo fundado receio de dano irreparável ou de difícil reparação, ainda que tenha havido o depósito das multas e prestação de caução, poderá o juiz determinar a adoção imediata, no todo ou em parte, das providências contidas no compromisso de ajustamento de conduta ou na sentença.

§ 1º Quando a execução envolver parcelas ou prestações individuais, sempre que possível o juiz determinará ao réu que promova dentro do prazo fixado o pagamento do valor da dívida, sob pena de multa e de outras medidas indutivas, coercitivas e sub-rogatórias, independentemente de habilitação judicial dos interessados.

§ 2º Para fiscalizar os atos de liquidação e cumprimento da sentença do processo coletivo, poderá o juiz nomear pessoa qualificada, que terá acesso irrestrito ao banco de dados e à documentação necessária ao desempenho da função.

§ 3º Na sentença condenatória à reparação pelos danos individualmente sofridos, sempre que possível, o juiz fixará o valor da indenização individual devida a cada membro do grupo ou um valor mínimo para a reparação do dano.

§ 4º Quando o valor dos danos individuais sofridos pelos membros do grupo forem uniformes, prevalecentemente uniformes ou puderem ser reduzidos a uma fórmula matemática, a sentença do processo coletivo indicará esses valores, ou a fórmula de cálculo da indenização individual e determinará que o réu promova, no prazo que fixar, o pagamento do valor respectivo a cada um dos membros do grupo.

§ 5º O membro do grupo que divergir quanto ao valor da indenização individual ou à fórmula para seu cálculo, estabelecidos na liquidação da sentença do processo coletivo, poderá propor ação individual de liquidação, no prazo de um ano, contado do trânsito em julgado da sentença proferida no processo coletivo.

§ 6º Se for no interesse do grupo titular do direito, as partes poderão transacionar, após a oitiva do Ministério Público, ressalvada aos membros do grupo, categoria ou classe a faculdade de não concordar com a transação, propondo nesse caso ação individual no prazo de um ano, contado da efetiva comunicação do trânsito em julgado da sentença homologatória, observado o disposto no parágrafo único do art. 13.

Art. 28. O juiz poderá impor multa ao órgão, entidade ou pessoa jurídica de direito público ou privado responsável pelo cumprimento da decisão que impôs a obrigação, observados a necessidade de intimação e o contraditório prévio.

Art. 29. Não sendo possível a prolação de sentença condenatória líquida, a condenação poderá ser genérica, fixando a responsabilidade do demandado pelos danos causados e o dever de indenizar.

Art. 30. O juiz poderá, observado o contraditório, desconsiderar a personalidade jurídica da sociedade quando, em detrimento dos interesses tratados nesta Lei, houver abuso de direito, excesso de poder, exercício abusivo do dever, infração da lei, fato ou ato ilícito ou violação dos estatutos ou contrato social, bem como falência, estado de insolvência, encerramento ou inatividade da pessoa jurídica, provocados por má administração.

§ 1º A pedido da parte interessada, o juiz determinará que a efetivação da responsabilidade da pessoa jurídica recaia sobre o acionista controlador, o sócio majoritário, os sócios gerentes, os administradores

146

societários, as sociedades que a integram, no caso de grupo societário, ou outros responsáveis que exerçam de fato a administração da empresa.

§ 2º A desconsideração da personalidade jurídica poderá ser efetivada em qualquer tempo ou grau de jurisdição, inclusive nas fases de liquidação e execução.

§ 3º Se o réu houver sido declarado falido, o administrador judicial será intimado a informar a existência de seguro de responsabilidade, facultando-se, em caso afirmativo, o ajuizamento de ação de indenização diretamente contra o segurador, vedada a denunciação da lide ao Instituto de Resseguros do Brasil e dispensado o litisconsórcio obrigatório com este.

CAPÍTULO VI
Dos recursos, da coisa julgada coletiva e da
relação entre demandas coletivas e individuais

Art. 31. Os recursos interpostos nas ações coletivas serão recebidos no efeito meramente devolutivo, salvo quando sua fundamentação for relevante e da decisão puder resultar lesão grave e de difícil reparação, hipótese em que o juiz, a requerimento do interessado, ponderando os valores em questão, poderá atribuir-lhe o efeito suspensivo.

Art. 32. A sentença no processo coletivo fará coisa julgada *erga omnes*, independentemente da competência territorial do órgão prolator ou do domicílio dos interessados.

Art. 33. Se o pedido for julgado improcedente por insuficiência de provas, qualquer legitimado poderá ajuizar outra ação coletiva, com idêntico fundamento, valendo-se de nova prova.

Art. 34. Os efeitos da coisa julgada coletiva na tutela de direitos individuais homogêneos não prejudicarão os direitos individuais dos integrantes do grupo, categoria ou classe, que poderão propor ações individuais em sua tutela.

§ 1º Não serão admitidas novas demandas individuais relacionadas com interesses ou direitos individuais homogêneos, quando em ação coletiva houver julgamento de improcedência em matéria exclusivamente de direito, sendo extintos os processos individuais anteriormente ajuizados.

§ 2º Quando a matéria decidida em ação coletiva for de fato e de direito, aplica-se à questão de direito o disposto no § 1º e à questão de fato o previsto no caput e no § 6º do art. 37.

§ 3º Os membros do grupo que não tiverem sido devidamente comunicados do ajuizamento da ação coletiva, ou que tenham exercido tempestivamente o direito à exclusão, não serão afetados pelos efeitos da coisa julgada previstos nos §§ 1º e 2º.

§ 4º A alegação de falta de comunicação prevista no § 3º incumbe ao membro do grupo, mas o demandado da ação coletiva terá o ônus de comprovar a comunicação.

Art. 35. No caso de extinção dos processos individuais como efeito da decisão prolatada em ações coletivas, não haverá condenação ao pagamento de novas despesas processuais, custas e honorários, salvo a atuação de má-fé do demandante.

Art. 36. Nas ações coletivas que tenham por objeto interesses ou direitos difusos ou coletivos, as vítimas e seus sucessores poderão proceder à liquidação e ao cumprimento da sentença, quando procedente o pedido.

Parágrafo único. Aplica-se a regra do *caput* à sentença penal condenatória.

Art. 37. O ajuizamento de ações coletivas não induz litispendência para as ações individuais que tenham objeto correspondente, mas haverá a suspensão destas, até o julgamento da demanda coletiva em primeiro grau de jurisdição.

§ 1º Durante o período de suspensão, poderá o juiz perante o qual foi ajuizada a demanda individual, conceder medidas de urgência.

§ 2º Cabe ao réu, na ação individual, informar o juízo sobre a existência de demanda coletiva que verse sobre idêntico bem jurídico, sob pena de, não o fazendo, o autor individual beneficiar-se da coisa julgada coletiva mesmo no caso de o pedido da ação individual ser improcedente, desde que a improcedência esteja fundada em lei ou ato normativo declarados inconstitucionais pelo Supremo Tribunal Federal.

§ 3º A ação individual somente poderá ter prosseguimento, a pedido do autor, se demonstrada a existência de graves prejuízos decorrentes da suspensão, caso em que não se beneficiará do resultado da demanda coletiva.

§ 4º A suspensão do processo individual perdurará até a prolação da sentença da ação coletiva, facultado ao autor, no caso de procedência desta e decorrido o prazo concedido ao réu para cumprimento da sentença, requerer a conversão da ação individual em liquidação provisória ou em cumprimento provisório da sentença do processo coletivo, para apuração ou recebimento do valor ou pretensão a que faz jus.

§ 5º No prazo de noventa dias contado do trânsito em julgado da sentença proferida no processo coletivo, a ação individual suspensa será extinta, salvo se postulada a sua conversão em liquidação ou cumprimento de sentença do processo coletivo.

§ 6º Em caso de julgamento de improcedência do pedido em ação coletiva de tutela de direitos ou interesses individuais homogêneos, por insuficiência de provas, a ação individual será extinta, salvo se for requerido o prosseguimento no prazo de trinta dias contado da intimação do trânsito em julgado da sentença proferida no processo coletivo.

Art. 38. Na hipótese de sentença de improcedência, havendo suficiência de provas produzidas, qualquer legitimado poderá intentar ação revisional, com idêntico fundamento, no prazo de um ano contado do conhecimento geral da descoberta de prova técnica nova, superveniente, que não poderia ser produzida no processo, desde que idônea para mudar seu resultado.

§ 1º A faculdade prevista no *caput*, nas mesmas condições, fica assegurada ao demandado da ação coletiva com pedido julgado procedente, caso em que a decisão terá efeitos *ex nunc*.

§ 2º Para a admissibilidade da ação prevista no § 1º, deverá o autor depositar valor a ser arbitrado pelo juiz, que não será inferior a dez por cento do conteúdo econômico da demanda.

Art. 39. A ação rescisória objetivando desconstituir sentença ou acórdão de ação coletiva, cujo pedido tenha sido julgado procedente, deverá ser ajuizada em face do legitimado coletivo que tenha ocupado o polo ativo originariamente, podendo os demais colegitimados atuar como assistentes.

Parágrafo único. No caso de ausência de resposta, deverá o Ministério Público, quando legitimado, ocupar o polo passivo, renovando-se-lhe o prazo para responder.

CAPÍTULO VII
Da liquidação, execução e cumprimento de sentenças do processo coletivo

Art. 40. É competente para a liquidação e execução coletiva o juízo da ação de conhecimento ou o foro do local onde se encontrem bens sujeitos à expropriação ou do domicílio do executado.

Parágrafo único. Sempre que possível, a liquidação e a execução serão coletivas, sendo promovidas por qualquer dos legitimados à ação coletiva, pelas vítimas ou por seus sucessores.

Art. 41. É competente para a liquidação e execução individual o foro do processo de conhecimento, do domicílio do autor da liquidação ou da execução, ou do local onde se encontrem bens sujeitos à expropriação, não havendo prevenção do juízo da ação coletiva originária.

§ 1º Quando a competência para a liquidação não for do juízo da fase de conhecimento, o executado será intimado, na pessoa do seu procurador, seguindo a execução o procedimento do art. 475-A e seguintes da Lei n. 5.869, de 1973 — Código de Processo Civil.

§ 2º Na hipótese do § 1º, o executado será intimado para a execução após a penhora.

Art. 42. Na liquidação da sentença condenatória à reparação dos danos individualmente sofridos, deverão ser provados, tão só, o dano pessoal, o nexo de causalidade e o montante da indenização.

Art. 43. A liquidação da sentença poderá ser dispensada quando a apuração do dano pessoal, do nexo de causalidade e do montante da indenização depender exclusivamente de prova documental, hipótese em que o pedido de execução por quantia certa será acompanhado dos documentos comprobatórios e da memória do cálculo.

Art. 44. Os valores destinados ao pagamento das indenizações individuais serão depositados, preferencialmente, em instituição bancária oficial, abrindo-se conta remunerada e individualizada para cada beneficiário, regendo-se os respectivos saques pelas normas aplicáveis aos depósitos bancários.

Parágrafo único. Será determinado ao réu, além da ampla divulgação nos meios de comunicação, a comprovação da realização dos depósitos individuais e a notificação aos beneficiários com endereço conhecido.

Art. 45. Em caso de sentença condenatória genérica de danos sofridos por sujeitos indeterminados, decorrido o prazo prescricional das pretensões individuais, poderão os legitimados coletivos, em função da não habilitação de interessados em número compatível com a gravidade do dano ou do locupletamento indevido do réu, promover a liquidação e execução da indenização pelos danos globalmente sofridos pelos membros do grupo, sem prejuízo do correspondente ao enriquecimento ilícito do réu.

Parágrafo único. No caso de concurso de créditos decorrentes de ações em defesa de interesses ou direitos individuais homogêneos, coletivos e difusos, a preferência com relação ao pagamento será decidida pelo juiz, aplicando os princípios da proporcionalidade e da razoabilidade.

Art. 46. Havendo condenação em pecúnia, inclusive decorrente de dano moral coletivo, originária de ação relacionada com interesses ou direitos difusos e coletivos, a quantia será depositada em juízo, devendo ser aplicada na recuperação específica dos bens lesados ou em favor da comunidade afetada.

§ 1º O legitimado coletivo, com a fiscalização do Ministério Público, deverá adotar as providências para a utilização do valor depositado judicialmente, inclusive podendo postular a contratação de terceiros ou o auxílio do Poder Público do local onde ocorreu o dano.

§ 2º Na definição da aplicação da verba referida no *caput*, serão ouvidos em audiência pública, sempre que possível, os membros da comunidade afetada.

CAPÍTULO VIII
Do compromisso de ajustamento de conduta e do inquérito civil

Art. 47. Os órgãos públicos legitimados poderão tomar dos interessados compromisso de ajustamento de sua conduta às exigências legais, mediante a fixação de deveres e obrigações, com as respectivas multas devidas no caso do descumprimento.

Art. 48. O valor da cominação pecuniária deverá ser suficiente e necessário para coibir o descumprimento da medida pactuada.

Parágrafo único. A cominação poderá ser executada imediatamente, sem prejuízo da execução específica.

Art. 49. O compromisso de ajustamento de conduta terá natureza jurídica de transação, com eficácia de título executivo extrajudicial, sem prejuízo da possibilidade da sua homologação judicial, hipótese em que sua eficácia será de título executivo judicial.

Parágrafo único. Não será admitida transação no compromisso de ajustamento de conduta que verse sobre bem indisponível, salvo quanto ao prazo e ao modo de cumprimento das obrigações assumidas.

Art. 50. A execução coletiva das obrigações fixadas no compromisso de ajustamento de conduta será feita por todos os meios, inclusive mediante intervenção na empresa, quando necessária.

§ 1º Quando o compromisso de ajustamento de conduta contiver obrigações de naturezas diversas, poderá ser ajuizada uma ação coletiva de execução para cada uma das obrigações, sendo as demais apensadas aos autos da primeira execução proposta.

§ 2º Nas hipóteses do § 1º, as execuções coletivas propostas posteriormente poderão ser instruídas com cópias do compromisso de ajustamento de conduta e documentos que o instruem, declaradas autênticas pelo órgão do Ministério Público, da Defensoria Pública ou pelo advogado do exequente coletivo.

§ 3º Qualquer um dos colegitimados à defesa judicial dos direitos ou interesses difusos, coletivos e individuais homogêneos poderá propor a ação de execução do compromisso de ajustamento de conduta, mesmo que tomado por outro colegitimado.

§ 4º Quando o ajustamento abranger interesses ou direitos individuais homogêneos, o indivíduo diretamente interessado poderá solicitar cópia do termo de compromisso de ajustamento de conduta e documentos que o instruem, para a propositura da respectiva ação individual de liquidação ou de execução.

§ 5º Nos casos do § 4º, o indivíduo interessado poderá optar por ajuizar a ação individual de liquidação ou de execução do compromisso de ajustamento de conduta no foro do seu domicílio ou onde se encontrem bens do devedor.

Art. 51. O Ministério Público poderá instaurar, sob sua presidência, inquérito civil, ou requisitar, de qualquer organismo público ou particular, certidões, informações, exames ou perícias, no prazo que assinalar, o qual não poderá ser inferior a dez dias úteis.

§ 1º O inquérito civil deverá contar com mecanismos de controle interno quanto ao processamento e à adequação da sua instauração.

§ 2º É autorizada a instauração de inquérito civil fundamentado em manifestação anônima, desde que instruída com elementos mínimos de convicção.

Art. 52. Se, depois de esgotadas todas as diligências, o órgão do Ministério Público se convencer da inexistência de fundamento para a propositura da ação coletiva, promoverá o arquivamento dos autos do inquérito civil ou das peças informativas, fazendo-o fundamentadamente, sem prejuízo da atuação dos demais colegitimados com relação ao mesmo objeto.

§ 1º Os autos do inquérito civil ou das peças de informação arquivados serão remetidos ao órgão revisor competente, conforme dispuser o seu regimento, no prazo de até quinze dias, sob pena de se incorrer em falta grave.

§ 2º Até que o órgão revisor homologue ou rejeite a promoção de arquivamento, poderão os interessados apresentar razões escritas ou documentos, que serão juntados aos autos do inquérito, anexados ao inquérito civil ou às peças de informação.

§ 3º Deixando o órgão revisor de homologar a promoção de arquivamento no inquérito civil ou peças de informação, designará, desde logo, outro órgão do Ministério Público para o ajuizamento da ação ou a adoção de outras providências cabíveis e manifestação fundamentada.

CAPÍTULO IX
Do cadastro nacional de processos coletivos e do cadastro nacional de inquéritos civis e compromissos de ajustamento de conduta

Art. 53. O Conselho Nacional de Justiça organizará e manterá o Cadastro Nacional de Processos Coletivos, com a finalidade de permitir que os órgãos do Poder Judiciário e os interessados tenham amplo acesso às informações relevantes relacionadas com a existência e o estado das ações coletivas.

§ 1º Os órgãos judiciários aos quais forem distribuídos processos coletivos remeterão, no prazo de dez dias, cópia da petição inicial, preferencialmente por meio eletrônico, ao Cadastro Nacional de Processos Coletivos.

§ 2º No prazo de noventa dias, contado da publicação desta Lei, o Conselho Nacional de Justiça editará regulamento dispondo sobre o funcionamento do Cadastro Nacional de Processos Coletivos e os meios adequados a viabilizar o acesso aos dados e seu acompanhamento por qualquer interessado através da rede mundial de computadores.

§ 3º O regulamento de que trata o § 2º disciplinará a forma pela qual os juízos comunicarão a existência de processos coletivos e os atos processuais mais relevantes sobre o seu andamento, como a concessão de antecipação de tutela, a sentença, o trânsito em julgado, a interposição de recursos e a execução.

Art. 54. O Conselho Nacional do Ministério Público organizará e manterá o Cadastro Nacional de Inquéritos Civis e de Compromissos de Ajustamento de Conduta, com a finalidade de permitir que os órgãos do Poder Judiciário, os colegitimados e os interessados tenham amplo acesso às informações relevantes relacionadas com a abertura do inquérito e a existência do compromisso.

§ 1º Os órgãos legitimados que tiverem tomado compromissos de ajustamento de conduta remeterão, no prazo de dez dias, cópia, preferencialmente por meio eletrônico, ao Cadastro Nacional de Inquéritos Civis e de Compromissos de Ajustamento de Conduta.

§ 2º O Conselho Nacional do Ministério Público, no prazo de noventa dias, a contar da publicação desta Lei, editará regulamento dispondo sobre o funcionamento do Cadastro Nacional de Inquéritos Civis e Compromissos de Ajustamento de Conduta, incluindo a forma de comunicação e os meios adequados a viabilizar o acesso aos dados e seu acompanhamento por qualquer interessado.

CAPÍTULO X
Das despesas, dos honorários e dos danos processuais

Art. 55. A sentença do processo coletivo condenará o demandado, se vencido, ao pagamento das custas, emolumentos, honorários periciais e quaisquer outras despesas, bem como dos honorários de advogado, calculados sobre a condenação.

§ 1º Tratando-se de condenação à obrigação específica ou de condenação genérica, os honorários advocatícios serão fixados levando-se em consideração a vantagem obtida para os interessados, a quantidade e qualidade do trabalho desenvolvido pelo advogado e a complexidade da causa.

§ 2º Os legitimados coletivos não adiantarão custas, emolumentos, honorários periciais e quaisquer outras despesas, nem serão condenados em honorários de advogado, custas e demais despesas processuais, salvo comprovada má-fé.

Art. 56. O legitimado coletivo somente responde por danos processuais nas hipóteses em que agir com má-fé processual.

Parágrafo único. O litigante de má-fé e os responsáveis pelos respectivos atos serão solidariamente condenados ao pagamento das despesas processuais, em honorários advocatícios e em até o décuplo das custas, sem prejuízo da responsabilidade por perdas e danos.

CAPÍTULO XI
Do programa extrajudicial de prevenção ou reparação de danos

Art. 57. O demandado, a qualquer tempo, poderá apresentar em juízo proposta de prevenção ou reparação de danos a interesses ou direitos difusos, coletivos ou individuais homogêneos, consistente em programa extrajudicial.

§ 1º O programa poderá ser proposto no curso de ação coletiva ou ainda que não haja processo em andamento, como forma de resolução consensual de controvérsias.

§ 2º O programa objetivará a prestação pecuniária ou a obrigação de fazer, mediante o estabelecimento de procedimentos a serem utilizados no atendimento e satisfação dos interesses e direitos referidos no *caput*.

§ 3º Em se tratando de interesses ou direitos individuais homogêneos, o programa estabelecerá sistema de identificação de seus titulares e, na medida do possível, deverá envolver o maior número de partes interessadas e afetadas pela demanda.

§ 4º O procedimento poderá compreender as diversas modalidades de métodos alternativos de resolução de conflitos, para possibilitar a satisfação dos interesses e direitos referidos no *caput*, garantidos a neutralidade da condução ou supervisão e o sigilo.

Art. 58. A proposta poderá ser apresentada unilateralmente ou em conjunto com o legitimado ativo, no caso de processo em curso, ou com qualquer legitimado à ação coletiva, no caso de inexistir processo em andamento.

Art. 59. Apresentado o programa, as partes terão o prazo de cento e vinte dias para a negociação, prorrogável por igual período, se houver consentimento de ambas.

Art. 60. O acordo que estabelecer o programa deverá necessariamente ser submetido à homologação judicial, após prévia manifestação do Ministério Público.

Art. 61. A liquidação e execução do programa homologado judicialmente contarão com a supervisão do juiz, que poderá designar auxiliares técnicos, peritos ou observadores para assisti-lo.

CAPÍTULO XII
Das disposições finais

Art. 62. Qualquer pessoa poderá provocar a iniciativa do Ministério Público, ou de qualquer outro legitimado, ministrando-lhe informações sobre fatos que constituam objeto da ação coletiva e indicando--lhe os elementos de convicção.

Art. 63. As ações coletivas terão tramitação prioritária sobre as individuais.

Art. 64. A União, os Estados e o Distrito Federal poderão criar juízos e órgãos especializados para o processamento e julgamento de ações coletivas em primeira e segunda instância.

Art. 65. É admissível homologação de sentença estrangeira na tutela dos direitos ou interesses difusos coletivos e individuais homogêneos.

§ 1º A homologação de sentença estrangeira coletiva deverá ser requerida perante o Superior Tribunal de Justiça pelos legitimados arrolados no art. 6º.

§ 2º As vítimas ou seus sucessores também poderão utilizar, individualmente, da sentença estrangeira coletiva no Brasil, requerendo a sua homologação perante o Superior Tribunal de Justiça.

Art. 66. As multas administrativas originárias de violações dos direitos ou interesses difusos, coletivos ou individuais homogêneos reverterão a fundo gerido por conselho federal ou por conselhos estaduais de que participarão necessariamente o Ministério Público e representantes da sociedade civil, sendo seus recursos destinados à reconstituição dos bens lesados e a projetos destinados à prevenção ou reparação dos danos.

Parágrafo único. Sem prejuízo do disposto no art. 46, poderá o juiz, após prévia oitiva das partes interessadas, atendidas as especificidades da demanda e o interesse coletivo envolvido, destinar o produto da condenação em dinheiro originária de ação coletiva para o fundo previsto no *caput*.

Art. 67. As disposições desta Lei aplicam-se à ação popular e ao mandado de segurança coletivo, no que não forem incompatíveis com as regras próprias que disciplinam e regulam as referidas ações.

Art. 68. Os dispositivos desta Lei aplicam-se no âmbito das relações de trabalho, ressalvadas as peculariedades e os princípios informadores do processo trabalhista.

Art. 69. Aplica-se à ação civil pública e às demais ações coletivas previstas nesta Lei, subsidiariamente, a Lei n. 5.869, de 1973 — Código de Processo Civil, naquilo em que não contrarie suas disposições e desde que seja compatível com o sistema de tutela coletiva.

§ 1º À ação civil pública e demais ações coletivas previstas nesta Lei aplica-se ainda o disposto nas Leis ns. 4.348, de 26 de junho de 1964, 5.021, de 9 de junho de 1966, 8.437, de 30 de junho de 1992, e 9.494, de 10 de setembro de 1997.

§ 2º A execução por quantia certa das decisões judiciais proferidas contra a Fazenda Pública, na ação civil pública e nas demais ações coletivas de que trata esta Lei, deverá se dar na forma do art. 730 da Lei n. 5.869, de 1973 — Código de Processo Civil.

Art. 70. Esta Lei entra em vigor após cento e oitenta dias contados de sua publicação.

Art. 71. Ficam revogados:

I — a Lei n. 7.347, de 24 de julho de 1985;

II — os arts. 3º a 7º da Lei n. 7.853, de 24 de outubro de 1989; III — o art. 3º da Lei n. 7.913, de 7 de dezembro de 1989;

IV — os arts. 209 a 213 e 215 a 224 da Lei n. 8.069, de 13 de julho de 1990;

V — os arts. 81 a 84, 87, 90 a 95, 97 a 100, 103 e 104 da Lei n. 8.078, de 11 de setembro de 1990;

VI — o art. 88 da Lei n. 8.884, de 11 de junho de 1994;

VII — o art. 7º da Lei n. 9.008, de 21 de março de 1995, na parte em que altera os arts. 82, 91 e 92 da Lei n. 8.078, de 11 de setembro de 1990;

VIII — os arts. 2º e 2º-A da Lei n. 9.494, de 10 de setembro de 1997; IX — o art. 54 da Lei n. 10.257, de 10 de julho de 2001;

X — os arts. 4º, na parte em que altera o art. 2º-A da Lei n. 9.494, de 10 de setembro de 1997, e 6º da Medida Provisória n. 2.180-35, de 24 de agosto de 2001;

XI — os arts. 74, inciso I, 80 a 89 e 92, da Lei n. 10.741, de 1o de outubro de 2003; e

XII — a Lei n. 11.448, de 15 de janeiro de 2007.

Brasília,

EM n. 00043 — MJ

Brasília, 8 de abril de 2009.

Excelentíssimo Senhor Presidente da República,

Submeto à elevada consideração de Vossa Excelência anteprojeto de lei que regula a Ação Civil Pública, com vistas a adequá-la ao comando normativo da Constituição.

2. O anteprojeto também objetiva ser uma adequação às significativas e profundas transformações econômicas, políticas, tecnológicas e culturais em âmbito global, significativamente aceleradas nesta virada do século XX, para o fim de prever a proteção de direitos que dizem respeito à cidadania, não consubstanciados pela atual Lei da Ação Civil Pública, de 1985.

3. O Código de Processo Civil, de 1973, balizador da disciplina processual civil, mas ainda fundado na concepção do liberalismo individualista, não responde neste novo estágio de evolução jurídico-científica ao alto grau de complexidade e especialização exigidos para disciplinar os direitos coletivos, difusos e individuais homogêneos.

4. A mencionada Lei da Ação Civil Pública e o Código de Defesa do Consumidor, de 1990, são marcos importantes para a tutela dos interesses coletivos, mas, com passar do tempo, juristas, pesquisadores e doutrinadores do Sistema Coletivo Brasileiro identificaram a necessidade do seu aperfeiçoamento e modernização com vistas a adequá-lo às novas concepções teóricas, nacionais e internacionais, e à nova ordem constitucional. Temos como exemplo o Código-modelo de processos coletivos para Íbero--América e os dois anteprojetos do Código Brasileiro de Processo Coletivo elaborado no âmbito da Universidade de São Paulo — USP, com participação do Instituto Brasileiro de Direito processual — IBDP, e da Universidade Estadual do Rio de Janeiro — UERJ, respectivamente.

5. Durante o Congresso das Carreiras Jurídicas de Estado, promovido em junho de 2008 pela Advocacia Geral da União, verificou-se a necessidade de aperfeiçoamento da tutela coletiva no Brasil.

6. Diante desse cenário, o Ministério da Justiça instituiu, por meio da Portaria n. 2.481, de 9 de dezembro de 2008, Comissão Especial composta por renomados juristas e operadores do Direito, com representação de todas as carreiras jurídicas, e presidida pelo Secretário de Reforma do Poder Judiciário do Ministério, com a finalidade de apresentar proposta de readequação e modernização da tutela coletiva.

7. Dentre as inúmeras inovações do anteprojeto, destacam-se:

a) estabelecimento de princípios e institutos próprios indicando ser uma disciplina processual autônoma;

b) ampliação dos direitos coletivos tuteláveis pela Ação Civil Pública;

c) aumento do rol de legitimados, englobando a Defensoria Pública, a Ordem dos Advogados do Brasil e os Partidos Políticos, que passam a atuar na defesa dos direitos coletivos;

d) participação de todos os interessados, inclusive da sociedade civil, para decidir sobre a destinação dos valores originários das ações coletivas, especialmente em se tratando de violação aos direitos difusos, possibilitando resultado mais efetivo para populações ou locais atingidos por danos coletivos;

e) criação de dois cadastros nacionais, um para acompanhamento de inquéritos civis e compromissos de ajustamento de conduta, sob a responsabilidade do Conselho Nacional do Ministério Público, e outro relacionado com Ações Civis Públicas ajuizadas, sob o controle do Conselho Nacional de Justiça;

f) modificação da regra de competência para reparação de dano coletivo que atinja a várias partes do país, possibilitando o ajuizamento da Ação Civil Pública em qualquer juízo da capital dos Estados ou do Distrito Federal;

g) tratamento diferenciado dos institutos de conexão, continência e litispendência, visando a assegurar de maneira mais ampla a reunião de processos e a evitar a proliferação de demandas e a divergência entre julgamentos;

h) disciplina do ônus da prova, voltada à produção de quem estiver mais próximo dos fatos e capacidade de produzi-las, objetivando maior efetividade;

i) em termos de coisa julgada foi seguida a posição do Superior Tribunal de Justiça no sentido de ela ser ampla, independentemente da competência territorial do órgão julgador;

j) aperfeiçoamento do Sistema de Execução das Tutelas Coletivas, inclusive com o incentivo aos meios alternativos de solução de controvérsias coletivas, em juízo ou extrajudicialmente, mediante acompanhamento do Ministério Público e do Poder Judiciário;

k) proposição de aperfeiçoamento da execução coletiva; e

l) consolidação do sistema jurídico coletivo, mediante revogação de dispositivos de várias leis dispersas, tais como o Código do Consumidor (Lei n. 8.078/90), o Estatuto da Criança e do Adolescente (Lei n. 8.069/90), a Lei da Pessoa Portadora de Deficiências (Lei n. 7.853/89), a Lei Protetiva dos Investidores do Mercado de Valores Imobiliários (Lei n. 7.913/89) e a Lei de Prevenção e Repressão às Infrações contra a Ordem Econômica — Antitruste (Lei n. 8.884/94).

8. As propostas foram discutidas com a sociedade em diversas oportunidades. As sugestões apresentadas foram amplamente debatidas na Comissão.

9. Por derradeiro, os avanços consubstanciados na proposta terão amplo e imediato reflexo na forma de tutelar os direitos coletivos no Brasil, o que representa um passo importante rumo ao acesso à justiça e à efetividade da tutela coletiva.

10. Essas, Excelentíssimo Senhor Presidente da República, são as razões que fundamentam a proposta que ora submeto à elevada consideração de Vossa Excelência.

Respeitosamente,

Assinado por: Tarso Fernando Herz Genro

Produção Gráfica e Editoração Eletrônica: RLUX
Projeto de capa: FÁBIO GIGLIO
IMPRESSÃO: HR GRÁFICA E EDITORA